ALAN PAULS

HISTOIRE DES LARMES

DU MÊME AUTEUR
CHEZ CHRISTIAN BOURGOIS ÉDITEUR

La Moitié fantôme
Histoire de l'argent
Histoire des cheveux
La Vie pieds nus
Le Facteur Borges
Le Passé

DU MÊME AUTEUR
DANS LA COLLECTION « TITRES »

Histoire des cheveux
Le Passé
La Vie pieds nus
Wasabi

ALAN
PAULS

HISTOIRE DES LARMES

UN TÉMOIGNAGE

TRADUIT DE L'ESPAGNOL (ARGENTINE)
PAR VINCENT RAYNAUD

CHRISTIAN BOURGOIS ÉDITEUR

TITRE ORIGINAL :
HISTORIA DEL LLANTO
UN TESTIMONIO

ISBN : 978-2-267-05116-2

À un âge où les enfants meurent d'envie de parler, il peut passer des heures à écouter. Il a quatre ans, du moins c'est ce qu'on lui a dit. À la stupeur de ses grands-parents et de sa mère, réunis dans le salon du petit trois pièces situé rue Ortega y Gasset d'où son père a disparu huit mois plus tôt, sans explications pour autant qu'il s'en souvienne, en emportant son odeur de tabac, sa montre de gousset et sa collection de chemises Castrillón, sur mesures et ornées de son monogramme, et où il revient désormais presque tous les samedis matins, sans doute pas aussi ponctuellement que son ex-femme le souhaiterait, pour appuyer sur le bouton de l'interphone et intimer, de ce ton crispé qu'il apprend plus tard à interpréter, lui, comme un indicateur de l'état dans lequel se trouvent les relations de son père avec les femmes après avoir eu des enfants avec elles, à quiconque lui répond : qu'il descende ! ; et il traverse donc la pièce à toute allure, dans le pathétique costume de Superman qu'on vient de lui offrir, les bras tendus vers l'avant et faisant grossièrement mine de voler, tel un canard muni d'attelles, une momie ou un somnambule, puis transperce et réduit en éclats la vitre de la porte-fenêtre qui donne sur le balcon. Une seconde plus tard, il reprend ses esprits, comme après un évanouissement. Il se découvre debout parmi les pots de fleurs, il a un peu chaud et tremble. Il examine ses mains et remarque deux ou trois minces filets de sang, comme dessinés, qui parcourent ses paumes.

Contrairement à ce que l'on pourrait croire à première vue et à ce que se chargeront par la suite de répéter les récits qui perpétueront le souvenir de cet exploit, le plus spectaculaire sinon le seul d'une enfance par ailleurs déterminée dès le début à ne pas attirer l'attention, préférant se consacrer à des activités solitaires, la lecture, le dessin et la toute jeune télévision de l'époque, signe que ce que l'on nomme d'ordinaire la vie intérieure et qui caractérise, semble-t-il, des créatures plutôt étranges, est plus développé chez lui que chez les autres enfants de son âge, il n'a pas été sauvé par la constitution d'acier du héros qu'il imite. Ce qui l'a sauvé, c'est sa sensibilité, pense-t-il, bien qu'il garde cette explication pour lui, comme s'il craignait que la révéler, en plus de contredire la version officielle, ce dont il ne se soucie pas, puisse neutraliser l'effet magique qu'il prétend invoquer. Cette sensibilité, il ne va toutefois pas jusqu'à la considérer comme un privilège, ainsi que le fait le reste de sa famille et en particulier son père, de loin celui qui en tire le plus grand profit, mais tout juste comme un attribut congénital, aussi incongru et, dans tous les cas, naturel à ses yeux, que son aptitude à dessiner des deux mains, un talent souvent célébré par la famille et par ses satellites qui n'a aucun précédent et ne tarde pas à disparaître. Car chez Superman, son héros absolu, véritable monument dont les aventures le passionnent à tel point que, tout comme les myopes, il colle pratiquement les pages des magazines à ses yeux, non pour lire, puisqu'il ne sait pas encore, mais pour se laisser envoûter par les couleurs et les formes, ce ne sont pas les prouesses qui l'enchantent mais les moments de capitulation, fort rares il est vrai, et peut-être, de ce fait, tellement plus intenses que ceux où le super-héros, en pleine possession de ses moyens, attrape au vol le pan de montagne que quelqu'un précipite sur une cordée d'alpinistes, par exemple, construit en quelques secondes une digue afin de freiner un torrent dévastateur ou récupère en rase-mottes une poussette contenant un bébé qu'un camion de déménagement hors de contrôle menace de renverser.

Il distingue deux types de faiblesse. Le premier, qui l'intéresse mais seulement jusqu'à un certain point, relève du dilemme moral. Superman doit choisir entre deux maux : arrêter la tornade qui s'apprête à passer la ville entière à la centrifugeuse ou empêcher un mendiant aveugle de trébucher et de tomber dans un fossé. La disproportion entre ces deux périls est évidente pour tout le monde, mais pour Superman elle est dépourvue de valeur et même condamnable du point de vue moral, et c'est précisément pour cela, en raison de l'intransigeance qui le conduit à leur donner autant d'importance, qu'il se retrouve en situation de faiblesse et qu'il est plus vulnérable que jamais à toute attaque ennemie. À l'inverse, l'autre est une faiblesse organique, originelle, du reste la seule qui le contraint, lui, à quatre ans, à envisager l'inenvisageable par excellence : l'éventualité que l'homme d'acier meure. Pour que cela se produise, il est absolument indispensable qu'intervienne l'une des deux « pierres du mal », la kryptonite rouge, qui le fait flancher mais ne le tue pas, ou la verte, seule capable de l'annihiler, toutes deux venues de sa planète natale afin de lui rappeler la vulnérabilité que le monde des hommes, peut-être moins exigeant, s'efforce de lui faire oublier. S'il est une chose qui le fascine, c'est cet homme d'acier qui, exposé au rayonnement de ces pierres maléfiques, a le vertige, garde les yeux mi-clos et, forcé d'interrompre immédiatement ce qu'il fait, met un genou à terre, puis l'autre, ses épaules croulant sous un poids insupportable, et finit par traîner sa silhouette bleu et rouge tel un moribond. C'est là ce qui, prolongeant d'une certaine façon les effets mortels de la pierre au-delà de la page, le frappe lui aussi au plexus solaire, qui n'a jamais si bien porté son nom, et au plus profond de son cœur, si fort et si radicalement qu'aucune prouesse, aussi extraordinaire soit-elle, ne pourra jamais en dire autant.

La douleur, c'est ce qui est véritablement exceptionnel. Une seule chose au monde peut la causer, et cette chose, bien plus que toutes les actions providentielles pour lesquelles on encense Superman, est ce qu'il en vient rapidement à craindre, lui, à espérer et à prévoir, le cœur au bord des lèvres à chaque fois qu'il revient du kiosque à journaux sans s'arrêter et au risque, comme cela lui est arrivé plus d'une fois, de renverser quelque chose sur son passage, ouvre le magazine qu'il vient d'acheter et se plonge dans la lecture. [...] La douleur est exceptionnelle, c'est pour cette raison qu'on ne la supporte pas. Il classe les épisodes en deux catégories bien distinctes : ceux dans lesquels les pierres fatales interviennent et les autres. Il méprise les seconds, qu'il confine au dernier tiroir de son armoire, celui où prennent la poussière les magazines, les jouets et les livres qu'il rejette en grandissant, tous objets qu'il déteste à présent et que, plus tard, lorsqu'il aura quitté leur orbite, il exhumera extasié et vénérera, ces témoignages de l'idiot candide qu'il ne sera plus mais qui ne pourra que l'attendrir. Si on lui demandait ce qui l'impressionne tant, ce qu'il ressent précisément lorsqu'il voit le halo lumineux des pierres approcher du corps de l'homme d'acier et le colorer l'espace d'une seconde de rouge ou de vert, et pourquoi il frémit de cette façon quand, à bout de forces, comme vidé de son sang, Superman reste étendu au sol, présentant le même aspect qu'avant, lorsqu'il vainquait les lois de la gravité, qu'il dépassait la vitesse de la lumière et que rien au monde ne pouvait lui faire de mal, et pourtant faible, complètement à la merci de ses ennemis, il ne saurait le dire. Il ne trouve pas ses mots. Il n'est pas du genre bavard.

Ce qu'il sait, c'est que ce phénomène est très similaire à la brûlure qui envahit le bout de ses doigts chaque dimanche à la tombée de la nuit, quand son père le salue devant la porte de l'immeuble de la rue Ortega y Gasset après qu'ils ont passé la journée ensemble dans l'une des piscines semi-publiques, Embrujo, Sunset ou New Olivos, qui occupent bien vite, dès les premières chaleurs de l'année, vers la mi-octobre ou au plus tard début novembre, ses sorties de fin de semaine. Ils arrivent le matin vers onze heures, onze heures et quart, quand les rares personnes déjà là – généralement des femmes seules du même âge que son père, tellement bronzées qu'on jurerait qu'elles vivent dans un été permanent, une sorte d'État tropical parallèle dont la piscine est sans doute la capitale, et quelques hommes seuls eux aussi, également en maillot de bain, le visage barricadé derrière des lunettes de soleil qu'ils ne retirent que pour exhiber fugitivement les cernes violacés que la soirée du samedi a creusés autour de leurs yeux et, plus tard, pour oindre leurs paupières de crèmes, lotions et huiles dont lui-même ne sait toujours pas avec certitude, aujourd'hui encore, si elles empêchent les coups de soleil ou les favorisent –, n'ont pas déjà pris les meilleures places à l'extérieur, sur la pelouse, au bar et sur les transats.

Lorsqu'ils arrivent, toujours le même motif d'orgueil : il sent qu'il n'y a personne de plus jeune que son père dans toute la piscine. Mais c'est moins une question d'âge, car étant donné le sien il serait le premier à se déclarer incompétent en la matière, qu'en raison du masque de déchéance que le manque de sommeil, les ravages du tabac et de l'alcool ainsi que la débauche ont posé sur le visage de tous les autres, leur donnant ce vague air de famille uniquement partagé par les représentants d'une même race corrompue. Dès leur arrivée, son père se réserve une place sur l'herbe en dépliant sa serviette en guise de frontière, toujours dans le sens du vent, de sorte qu'elle ne soit pas traversée de plis indésirables, et il disparaît aux vestiaires pour se changer. Quant à lui, qui porte toujours son maillot sous son pantalon, suivant une de ces habitudes qu'il s'est très tôt forgées seul et qu'il conserve coûte que coûte, malgré l'inconfort qui fait du trajet en taxi de l'immeuble de la rue Ortega y Gasset à la piscine un véritable calvaire, il retire ses vêtements, les talons plantés dans la serviette en signe de défi et, par ce geste, réaffirme son droit de propriété sur le territoire autour duquel il gravitera pendant le reste de la journée puis, comme s'il devait faire quelque chose pour empêcher la fierté qu'éveille en lui la jeunesse de son père de le submerger, il court et plonge dans l'eau tête la première. Il ne sait jamais si l'eau est froide ou si, comme lui, comme le jour et même comme l'été qui, au fond, ne fait encore que s'annoncer, elle est seulement trop neuve, mais il nage à toute vitesse vers le fond, en agitant les bras et les jambes pour qu'ils ne gèlent pas, touche la bouche ouverte du poulpe peint sur les carreaux et se propulse vers l'autre côté du bassin, où il émerge quelques secondes plus tard, les cheveux complètement aplatis, les paupières mi-closes et les poumons sur le point d'éclater.

Peut-être ne s'en aperçoit-il pas sur le moment, mais s'il examinait, en regagnant le bord de la piscine, le bout des doigts avec lesquels il a touché la bouche du poulpe, il y repérerait déjà les petits traits verticaux qui, plus tard, à cause des frottements répétés auxquels l'expose la routine immuable d'activités – plongeoir, plongeons, expéditions dans la gueule du poulpe, repos près du bord rugueux de la piscine couvert d'aspérités, recherche des pièces de monnaie, trousseaux de clefs et même bracelets-montres waterproof que son père lance successivement dans la piscine afin qu'il s'exerce à l'art de la plongée, etc. –, aggravés par les séjours prolongés dans l'eau, se transforment en douces petites taches rougeâtres qu'il appelle des éraflures et, par la suite, en rougeur généralisée sans contour précis qui lui fait croire une fois de plus que ses doigts ont pris feu, qu'il a des allumettes de chair à la place des doigts. En six ou sept heures de piscine, sa peau est devenue si fine qu'elle semble presque transparente et, quand il examine ses doigts dans la lumière de fin d'après-midi, il a du mal à déterminer si le rouge intense qu'il voit est la couleur du sang qui bout dans les vaisseaux ou juste un effet des rayons du soleil qui le font redoubler d'intensité en traversant sans résistance la membrane affaiblie. C'est la même brûlure, le même affinement de la membrane censée séparer l'intérieur de l'extérieur qu'il sent quand Superman succombe à l'éclat criminel des pierres maléfiques dans les pages du magazine qu'il vient d'acheter. [...] Les dommages ne sont pas instantanés. Ils progressent lentement. Ce qu'il perçoit comme une brûlure, dans la série de la peau et de la piscine, n'est rien d'autre que la façon dont résonne en lui l'agonie de l'homme d'acier dans la série de cases qui la représentent. Sa proximité avec le super-héros est telle, l'effacement de la limite qui devrait les séparer si complet, qu'il jurerait que le mélange de souffrance, de vulnérabilité et de chagrin qu'il sent niché au niveau de son plexus solaire provient directement de l'éclat de la kryptonite dessinée dans le magazine. De fait, il est une fois où il va jusqu'à éteindre la lampe de chevet dans sa chambre pour voir si les pierres maudites continuent à briller dans le noir.

La douleur est son éducation et sa foi. La douleur fait de lui un croyant. Il croit uniquement ou en premier lieu en tout ce qui souffre. Il croit en Superman, auquel il est par ailleurs évident qu'il ne croit pas, peu importe la preuve du contraire fournie par son pauvre petit corps de quatre ans moulé dans un costume de super-héros qui traverse la vitre de la porte-fenêtre dans le salon de l'appartement, rue Ortega y Gasset. Il croit en lui lorsqu'il le voit se recroqueviller sous l'action des pierres, agoniser genou à terre et se retrouver hors de combat, diminué, lui si gigantesque, à la merci de ses ennemis jurés. Dans la félicité comme dans n'importe lequel de ses satellites, à l'inverse, il ne voit qu'artifice ; pas exactement une tromperie ni une simulation, mais le produit d'un artisanat, l'effet plus ou moins laborieux d'une volonté qu'il peut comprendre, apprécier et parfois même partager, mais qui, pour quelque raison liée à son origine corrompue, semble toujours mettre une certaine distance entre elle et lui, sans doute celle qui le sépare de tout livre, film ou chanson représentant le bonheur ou tournant autour de lui. [...] Le bonheur est par définition invraisemblable. Ce n'est pas qu'il ne puisse rien en faire. D'une certaine façon c'est même le contraire, comme le prouvent, au fond lui-même, le métier qu'il exerce et sa vie tout entière. Mais, sur tout ce qui a trait à l'Heureux et, plus tard, au Bon en général, pèse l'ombre de la méfiance – et, par Bon, il entend grosso modo l'ensemble des sentiments positifs que d'autres nomment d'ordinaire bonté humaine, le plus célèbre, à sa connaissance, étant le réalisateur japonais Akira Kurosawa, dont il a vu et admire toute l'œuvre à une exception près, le film précisément intitulé *Bondad humana*[1]. Ce simple titre, même s'il sait très bien qu'il n'est pas né dans l'esprit de Kurosawa mais dans celui du distributeur local, suffit à l'éloigner des cinémas où on le projette, et ceci non seulement contre l'opinion la plus répandue, toujours sensible au chantage qu'exerce l'alliance de la bonté et de l'humanité, les éloges éhontés des critiques qui célèbrent sa sortie et le ravissement de son père qui, dans un premier temps, citant sans le savoir les paroles des mêmes critiques qu'il condamne vendredi après vendredi à brûler dans les flammes de l'enfer en raison de leur ineptie, n'hésite pas à le considérer comme le « chef-d'œuvre » de Kurosawa et se montre scandalisé par les réticences de son fils, et, quelques années plus tard, quand la substance du conflit est devenue de l'histoire ancienne mais pas sa forme, recycle sa vieille indignation dans une grande scène de comique répétitif, du reste son type d'humour préféré. Le gag, qui ne tarde guère à devenir un classique,

1. C'est-à-dire « Bonté humaine ». *Akahige* (1965) est sorti en France sous le titre *Barberousse (N.d.T.).*

consiste essentiellement à lui téléphoner chaque jeudi, jour de sortie des films à Buenos Aires, et à lui demander tout de go, avant même de dire quoi que ce soit d'autre ou de le saluer : « Alors ? Tu es enfin allé voir *Bondad humana* ? », chaque jeudi, chaque semaine, jusqu'à ce qu'il atteigne la majorité et que, le jeudi suivant, après avoir demandé conseil à une connaissance qui possède quelque expérience en matière légale, il réponde au téléphone, devine qu'il s'agit de son père sans que celui-ci ait posé la question de rigueur, s'il était enfin allé voir, etc., et le menace de l'envoyer en prison pour violences psychologiques réitérées. [...] Dans tout cela il y a toujours la volonté, presque l'obsession, qu'il exerce avec une lucidité et un acharnement stupéfiants, de confirmer le soupçon selon lequel tout bonheur se construit autour d'un noyau de douleur intolérable, une plaie que le bonheur oublie, éclipse ou enjolive peut-être jusqu'à la rendre méconnaissable mais qu'il ne parviendra jamais à effacer – du moins pas aux yeux de ceux qui, comme lui, ne se font pas d'illusions et savent bien sur quel sol gorgé de sang pousse cette beauté. Et sa tâche, la sienne, qu'il ne se rappelle pas avoir choisie mais s'approprie bien vite, telle une mission, c'est de tailler les frondaisons qui la cachent, de révéler au grand jour la sombre blessure, d'empêcher par tous les moyens que quelqu'un, quelque part, ne tombe dans le piège, le pire qu'il puisse imaginer, de croire que le bonheur est ce qui s'oppose à la douleur, ce qui s'offre le luxe de l'ignorer, ce qui peut vivre sans elle. Et donc, quand son père, parlant de lui à un ami, évoque sa fameuse sensibilité et lève les yeux au ciel, pris d'une transe extatique qui le rehausse d'autant plus qu'elle écrase celui qui la suscite, et le plonge, lui, dans un profond abattement, peut-être ferait-il mieux de tout dire et de parler de ce qui est réellement en jeu : une sensibilité absolue, qui n'a d'yeux que pour la douleur et est irrémédiablement aveugle à tout le reste.

Aussi modeste soit-elle, la surface plissée du bout de ses doigts ne tarde pas à lui paraître aussi chargée de secrets que le ciel nocturne aux yeux d'un astronome, mais l'intérêt et la concentration qu'il met à interroger cette minuscule carte de peau se dissipent d'un coup et pour toujours quand quelque chose de souriant lui parvient du monde et que le signe d'une quelconque forme de bonheur, discret ou flagrant, peu importe, semble faire appel à sa complicité ou demander à être pris en considération. La seule chose qu'il réussit à faire dans de telles circonstances et qu'il accomplit sans réfléchir, mécaniquement, obéissant à une sorte de programmation secrète, c'est à se comporter en consommateur expérimenté, toujours prêt à détecter l'astuce par laquelle on prétend le tromper : à foncer tête baissée, déchirer le voile de joie derrière lequel le bonheur se présente à lui, le traverser et se heurter au sombre caillot de douleur qu'il dissimule et dont, selon lui, et c'est peut-être là un des éléments qui le soulagent le plus, cette espèce de parasitisme jamais avoué ne fait que s'alimenter. Ceci lorsqu'il décide de faire quelque chose. Car la plupart du temps il ne va pas aussi loin. Son malaise est tel, et le découragement qui l'envahit si écrasant, qu'il baisse les bras, se laisse tomber, tourne la tête et regarde dans une autre direction.

[…] Il ne croit pas au bonheur, pas plus qu'à tout autre émotion telle que celui qui l'éprouve n'a besoin de rien d'autre. Pour quelque raison, il se sent proche de la douleur ou, très tôt, il a perçu la relation profonde qui existe entre la proximité, quelle qu'elle soit, et la douleur : ce qu'il y a de crucial dans le fait que la distance se réduise soudain, que l'air disparaisse et que les intervalles entre deux choses soient comblés. C'est là qu'il brille, lui, qu'il brille comme personne, c'est là qu'il trouve sa place. S'il le pouvait, à l'Heureux et au Bon, il opposerait ceci : le Proche. Avant même d'en avoir fait l'expérience en approchant de ses yeux les pages des magazines de bandes dessinées jusqu'à ne plus rien voir ou presque, avant d'observer la façon dont la peau au bout de ses doigts devient lisse au point de disparaître, le Proche a été pour lui une image en gros plan, de cinéma ou de télévision, il ne le saura jamais, montrant une bouche qui murmure ou plutôt déverse dans la cavité en spirale d'une oreille des sons qu'il n'arrive pas à entendre et dont il ne pourrait jurer qu'ils résonnent, un peu comme, lit-il plus tard dans une tragédie élisabéthaine, on y verse les poisons réellement mortels, plutôt que dans l'estomac ou dans les veines. C'est ce qui se passe, toutes proportions gardées, dans le dessin humoristique de Norman Rockwell qui tombe un jour entre ses mains, chez ses grands-parents, sans doute le lieu le moins approprié pour que cela se produise, même si c'est également là qu'il découvre deux paquets de cartes à jouer enfermés à double tour dans l'armoire des jeux de société et ornés de photos de femmes nues datant des années cinquante, première source d'inspiration de ses défoulements lascifs. La planche montre une femme qui raconte un commérage à l'oreille d'une amie, l'amie le raconte à son tour à une amie, celle-ci à une autre amie, et ainsi de suite – à raison d'une demi-douzaine de commères par bande et d'une demi-douzaine de bandes –, jusqu'au moment où une dernière femme le raconte à un homme, le premier et le seul de toute la page, qui prend un air scandalisé et, dans un accès de fureur, va sermonner son épouse qui n'est autre que la première femme, celle qui a déclenché la réaction en chaîne. Dans ce gag, qui ne manque jamais d'exercer sur lui un mystérieux magnétisme, il voit l'incarnation manifeste, bien qu'atténuée par le comique et par l'esprit caricatural du dessin, de la scène de l'empoisonnement auriculaire.

Mais lui, qu'est-il, la bouche ou l'oreille ? Les lèvres qui susurrent des paroles de mort ou la cavité qui les reçoit ? À cinq ou six ans déjà, il est le confident. À la différence des musiciens prodiges qui ont l'oreille absolue, il est une oreille absolue. Il est surentraîné. Allez donc savoir comment cela fonctionne, comment le mécanisme se met en place, s'il possède le don nécessaire afin de détecter ceux qui brûlent de se confier à lui et leur prête alors son oreille, ou si ce sont les autres, les désespérés, ceux qui prennent feu ou éclatent en cas de silence, qui reconnaissent en lui l'oreille dont ils ont besoin et se précipitent sur lui tels des naufragés. Dans tous les cas, il est évident que s'il existe une chose que son père admire chez lui et qu'il évoque souvent devant ses amis, dans ces réunions de pères où la génération du sien, par nature peu portée à inclure les enfants – séquelles vivantes d'une concession faite aux femmes dont une vie entière ne leur suffira pas pour se repentir – dans un agenda surchargé d'affaires de femmes, d'ex-femmes, d'argent, de politique, de sport et de spectacle, ne s'abaisse à les mentionner que lorsqu'ils présentent une particularité avantageuse qui le justifie, mais aussi devant lui, pris par un élan d'intimité et de franchise qui frôle l'obscénité – s'il est une chose qui réjouit son père, c'est précisément cette vocation pour l'écoute dont, à chaque fois qu'il l'exalte, il souligne toujours les mêmes caractéristiques, le don d'ubiquité qui semble la mettre en permanence à la disposition de tous, la patience apparemment illimitée, l'attention qui ne laisse échapper aucun détail et la capacité de compréhension qu'il considère comme une parfaite anomalie, insolite chez un enfant de cinq ou six ans et même inconcevable chez quatre-vingt-quinze pour cent des adultes qu'il a eu l'occasion de rencontrer.

En sa présence, comme si c'était le résultat de quelque transformation chimique, telle l'image qui n'apparaît sur le papier que lorsqu'on la soumet à l'action d'un acide bien précis, les adultes se mettent à parler. Il n'a pas l'impression de faire quoi que ce soit de particulier : ce n'est pas qu'il demande, interroge du regard ou se montre intéressé, éventuellement alarmé par le geste de malaise, l'air sombre ou le début de larmes trahissant le calvaire que l'autre traverse. Voici ce qui se passe : il est assis par terre et dessine, il joue avec ses affaires, une petite voiture, une de ces Corgi Toys qu'il adore et qu'il n'échangerait pour rien au monde, surtout pas celles qui ont des portes articulées qu'il peut ouvrir afin de remplacer la grossière effigie du conducteur par une autre, et soudain quelqu'un se joint à lui, un adulte dont il voit d'abord l'ombre immense recouvrir l'autoroute qu'il a imaginée et qui serpente sur la moquette, puis boucher le ciel telle une tempête imminente. Le préambule est embarrassé, hésitant. L'adulte éprouve le besoin de se mettre à sa hauteur, il s'agenouille, s'installe à côté de lui et va jusqu'à lui voler une petite voiture, en général sa préférée – faisant preuve d'une impertinence qu'il oserait sans doute justifier en la mettant sur le compte de l'impulsivité due au chagrin, mais que sur le moment il ne peut, lui, tolérer – et, peut-être pour s'attirer ses bonnes grâces ou pour donner un sens à une usurpation qui ne pourrait être plus insultante, la fait d'un coup rouler avec un déplorable manque de conviction sur la partie de la moquette la plus proche de ses jambes, là où n'importe qui, mais certainement pas un adulte trop absorbé par son drame intérieur, verrait que l'autoroute imaginaire ne passe pas et ne passera jamais.

C'est ainsi qu'ont défilé sa mère, sa grand-mère, son grand-père et même la femme de ménage qui travaille quelques heures chez eux, l'un après l'autre, comme s'ils ne voulaient pas l'accabler. Sa mère lui a avoué qu'à vingt-cinq ans, condamnée par sa canaille de mari, qui a mis les voiles, à vivre entre les quatre murs de cet appartement destiné aux classes moyennes, et de nouveau à la merci de sa mère et de son père, chez qui la tristesse de voir leur fille unique élever seule son enfant n'est rien, absolument rien, comparée à l'euphorie triomphale que suscitent la possibilité de l'avoir encore auprès d'eux, sous leur influence, et surtout la preuve qu'ils avaient raison – ô combien ! – quand, quatre ans auparavant, à la veille d'un mariage organisé à la hâte, ils avaient prophétisé qu'aussi intenses soient-elles « ses “chaleurs” ne dureraient pas » et qu'avant deux ou trois ans, au maximum quatre, elle leur reviendrait, une main devant et une main derrière, sans avoir droit à rien, elle se sent vieille, usée, vide et, en un mot, morte, une morte vivante, c'est l'expression dont il se sert d'ailleurs quelques années plus tard pour l'évoquer dans son for intérieur, à chaque fois qu'il passe devant sa chambre à coucher au milieu de la matinée et la voit allongée parmi les oreillers, en peignoir, complètement immobile, le visage couvert de crème, deux morceaux de coton humide sur les yeux et deux ou trois flacons de pilules sur sa table de chevet, s'abandonnant à toutes sortes de traitements exécutés par une armée de femmes pleines d'attentions qu'elle désigne comme ses cosmétologue, masseuse, manucure, kinésithérapeute ou acupunctrice, peu importe, mais dont il sait bien, lui, que ce ne sont que des réanimatrices professionnelles, des personnes chargées, tels les pompiers ou les maîtres nageurs, de ramener à une vie par ailleurs assez précaire des gens qui ont déjà un pied dans la tombe.

Sa grand-mère qui, en public, c'est-à-dire essentiellement en présence de son mari, n'ouvre la bouche que pour dire « oui » ou « bien » – et seulement lorsque celui-ci lui adresse la parole –, rire aux plaisanteries lestes des émissions comiques qu'elle regarde à la télévision ou enfourner des bouchées de nourriture qu'elle coupe préalablement en morceaux de plus en plus petits dans son assiette, lui avoue un jour que son mari vient de découvrir, caché dans un bas, l'argent qu'elle a économisé jour après jour et pièce par pièce pendant quatre ans, le détournant sans qu'il le remarque de la très modeste enveloppe qu'il daigne lui donner afin de pourvoir aux dépenses courantes de la maison, dans le but de s'acheter un rasoir capable d'en finir avec le duvet qui lui fait honte depuis au moins trente ans ?, et que son mari, naturellement, ne veut pas et n'a jamais voulu qu'elle élimine de son visage, car il sait que, bien que ce duvet ne lui plaise pas à lui non plus tant il la vieillit prématurément et lui donne un air masculin, il remplit une fonction quoi qu'il en soit vitale, peut-être la plus vitale de toutes, empêcher que puisse la trouver désirable un autre que lui qui, par ailleurs, ne la désire plus depuis des années, et qu'après l'avoir trouvé et l'avoir obligée à comparaître devant lui sur le lieu même du délit, comme on dit, il a compté les billets et les pièces de monnaie un par un puis a calculé le montant exact qu'elle lui avait volé selon lui, avant de la contraindre par la menace, y compris physique, à révéler l'usage qu'elle pensait faire de cet argent, puis l'a forcée à jeter jusqu'au dernier centime dans la gueule sombre de l'incinérateur.

Son grand-père qui, alors déjà, quand il a quatre ou cinq ans, a pour habitude de lui dire bonjour à sa manière immuable, c'est-à-dire en saisissant une grande mèche de cheveux sur le sommet de son crâne et en tirant fort dessus pendant qu'il lui demande à l'oreille : « Quand est-ce que tu vas te décider à couper cette tignasse de fille, hein, espèce de petite tapette ? », le surprend un jour en train de créer ses précoces bandes dessinées sur des feuilles de papier Canson aussi grandes que des draps, s'assied en face de lui, au bord de la table basse du salon, croise les doigts puis garde les yeux fixés sur lui pendant les vingt minutes qui suivent et, telle une douche froide, lui raconte que si ça ne tenait qu'à lui il vendrait tout, l'usine qu'il a bâtie à partir de rien, malgré l'incrédulité et même les sarcasmes de son propre père, un immigrant employé des chemins de fer, et qui, en plus de nourrir une cinquantaine de personnes, lui permet à présent de jouir d'un train de vie que son grinçant paternel n'aurait cru accessible qu'à des gens nés avec une cuillère en argent dans la bouche et avec derrière eux des siècles et des siècles de richesse ; tout, l'appartement plus que spacieux dans lequel il vit avec son épouse et celui qu'il prête – à contrecœur, car il aimerait bien qu'elle apprenne enfin la leçon, c'est-à-dire qu'elle reparte de zéro, mais seule – à sa dévergondée de fille, l'appartement dans le centre de Mar del Plata, les terrains dans les montagnes d'Alta Gracia et d'Ascochinga, la petite maison de Fortín Tiburcio, les trois automobiles : il vendrait tout ce qu'il possède, disparaîtrait de la circulation du jour au lendemain, sans laisser de traces, et vivrait enfin sa vie, la sienne et non celle des autres, et parmi les autres il le compte naturellement, lui et sa tignasse de fille, même s'il n'a de toute évidence pas la moindre idée de ce qu'elle pourrait être ni de la façon dont il voudrait la vivre, cette vie qu'il nomme sienne, mais il ajoute qu'il est lâche, il le sait bien, et qu'il ne le fera jamais, il n'a pas l'étoffe pour cela, et que donc, comme l'éclat de cette autre vie, bien qu'impossible, ne s'éteindra jamais et continuera à lui rappeler ce qu'il désire et n'accomplit pas, il est condamné à une incurable amertume, condamné à empoisonner la vie de ceux qui l'entourent et la sienne propre, et aussi celle de son petit-fils aux cheveux blonds de petite tapette, au costume de Superman, aux dessins et aux infâmes crayons de couleur qu'il oublie tout le temps par terre et que quelqu'un finit sans s'en apercevoir par écraser et réduire en poussière sur la moquette définitivement tachée.

Un soir, dans la salle de bains, tandis qu'il observe comment la savonnette qu'il a sauvée de la noyade dans l'eau de la baignoire profite de sa survie inespérée à bord de l'éponge qui fait office de radeau, la femme de ménage entre et éteint la lumière par erreur, si bien qu'il en tremble de peur. Il ne va pas jusqu'à pleurer, mais la domestique, afin de sécher d'avance les larmes qu'il ne versera pas ou d'obtenir qu'il les verse pour de bon, s'assied en amazone sur le bord de la baignoire, comme il l'a vu faire aux femmes qui montent à cheval, et lui parle de son fiancé Rubén, brigadier de police à San Miguel de Tucumán, dont elle attend un enfant et avec qui elle se voyait mariée d'ici moins de trois mois, jusqu'au jour où elle a reçu une lettre d'une certaine Blanca, dont elle n'avait jamais entendu parler auparavant et qui lui annonce qu'elle est la femme de Rubén, son épouse légitime depuis cinq ans et la mère de ses deux enfants, lesquels apparaissent sur les photographies qu'elle a jointes, lui demande aimablement de bien vouloir cesser d'écrire au commissariat et l'invite pour conclure à refaire sa vie avec un homme dont le cœur n'appartient pas à une autre. Et ainsi de suite.

Avec son père, en revanche, il écoute moins qu'il ne parle – et qu'il ne pleure. Son père est le supérieur devant lequel il comparaît régulièrement afin de lui fournir des informations, certes, même s'il n'est jamais simple de comprendre jusqu'à quel point les histoires qu'il lui rapporte l'intéressent, mais surtout pour lui assurer qu'il dispose, qu'il continue à disposer d'une personne tout ouïe, capable de faire parler n'importe qui par sa seule présence physique. À vrai dire, à en juger par l'air distrait et parfois même las qu'il affiche en l'écoutant, ce ne sont pas des histoires que son père attend de lui lors des séances au cours desquelles il sent que celui-ci s'apaise, pas même les histoires que lui raconte sa mère et dont son père ne sort jamais grandi, non seulement comme père mais aussi comme mari, comme amant, et pas davantage sur le plan professionnel, des histoires qui, au lieu de l'indigner, ainsi qu'il aimerait le voir réagir, l'attendrissent, l'émeuvent de façon presque écœurante, à tel point qu'au lieu de les démentir, son père, qui ne manque jamais de l'inviter en conclusion à ne pas juger sa mère mais à la comprendre, à faire preuve de patience à son égard, semble plutôt les confirmer – ce qu'il espère, ce sont des larmes. Si l'histoire dont son fils lui fait l'offrande est un signe de sa sensibilité, du degré de proximité qu'il est capable d'atteindre avec n'importe quel adulte, les larmes sont la preuve, le chef-d'œuvre, le monument qu'il encourage, célèbre et protège comme si c'était une flamme unique, inestimable, qui ne se rallumera pas au cas où elle s'éteindrait.

Comme toujours, il est bien difficile de distinguer la cause et la conséquence, mais cette extraordinaire capacité qu'il a, lui, de pleurer au moindre prétexte, douleur physique, frustrations, tristesse, malheurs d'autrui, et même le spectacle occasionnel de mendiants ou de personnes mutilées dans la rue, il a le sentiment de ne la mettre en œuvre et même de ne la posséder, purement et simplement, que lorsque son père est près de lui. À distance, dans un autre contexte, par exemple la vie avec sa mère ou avec ses grands-parents, ou encore, sans chercher plus loin, la vie à l'école, si prodigue de cruauté, d'humiliations et de violence que même les enfants les plus durs, ou les plus sensibles au discrédit social, ne peuvent la traverser sans trembler, il faut lui infliger une souffrance inhumaine pour lui arracher une larme et, dans les très rares circonstances où on lui en arrache, il n'est pas juste de dire qu'il pleure, car ce qui coule au coin de ses yeux est non seulement maigre mais en outre neutralisé par l'impassibilité que conserve le reste de son corps. C'est presque pathologique, comme le sera plus tard sa réticence à transpirer. Sa mère a envisagé de consulter quelqu'un mais, en s'imaginant face à un médecin, elle a changé d'avis. Que dira-t-elle : « Mon fils ne pleure pas » ? À qui osera-t-elle adresser une telle phrase ? Il n'existe pas encore de psychologues, du moins pas de ceux qui tourneront, tels des corbeaux, autour de chaque famille de la classe moyenne comme cela se produira par la suite, et la psychopédagogie est encore une discipline en devenir qui fait ses gammes dans les antichambres des institutions scolaires. À leur médecin de famille ? Pourquoi pas. Mais, pour commencer, il faudrait que sa mère déniche un vrai médecin qui, contrairement à celui qu'elle a hérité de son père, un vieux boucher dont on ne peut dire qu'il les soigne qu'au sens figuré du terme et aux yeux duquel tout ce qui est moins grave qu'une pneumonie aiguë ou qu'une péritonite ne mérite pas le nom de maladie et ne justifie pas le durée d'une consultation, puisse entendre une phrase comme celle-ci sans éclater de rire, la regarder comme si elle était folle ou l'inscrire sur la liste des patients qu'il ne veut plus jamais recevoir. Toutes les larmes qu'il ne verse pas d'un côté, il les verse de l'autre, c'est aussi simple que cela. Il peut cavaler dans la cour de l'école, ses chaussures à semelles orthopédiques aux pieds, car il a les pieds plats ou la « voûte plantaire affaissée », comme le lui expliquera plus tard l'orthopédiste progressiste qui, lorsqu'il a douze ans, lui scie les oignons des deux pieds, glisser et s'écorcher les genoux sur le pavé, puis se relever aussitôt et reprendre sa course sans un seul regard pour ses blessures. Mais s'il sait que son père est dans les parages et que soudain, au club, il voit un chien errant se traîner en se déhanchant entre des cageots de fruits, il est capable de pleurer vingt minutes d'affilée. Depuis quand possède-t-il ce talent ? Il ne saurait le dire. Mais il lui est difficile de s'imaginer en compagnie de son père dans une situation qui n'implique aucune larme, sans qu'il pleure, se mouche après avoir pleuré ou soit pris de tremblements, assailli par la congestion massive qui annonce les pleurs. Il est d'ailleurs étonné lorsqu'il voit des photos sur lesquelles il est avec son père et constate que son visage est sec. « Ce n'est pas moi », se dit-il.

[...] Il considère les larmes comme un moyen, une monnaie d'échange avec laquelle acheter ou payer. Ou peut-être est-ce la forme que le Proche adopte chez lui lorsqu'il est avec son père. Quelque chose dans l'acte de pleurer lui rappelle le bout de ses doigts poli par le frottement contre le fond de la piscine. Si ses doigts pouvaient saigner, s'ils saignaient sans blessure, seulement parce que leur peau est devenue extrêmement fine, alors ce serait parfait. Dans l'immédiat, il achète l'admiration de son père en pleurant. Il peut percevoir dans quelle mesure avoir la larme facile fait d'une certaine façon de lui un trophée que son père peut promener de par le monde avec une fierté unique et qu'il n'aura à partager avec nul autre père, contrairement aux prouesses sportives, à une lascivité précoce et même à l'intelligence, des vertus enfantines non sans valeur mais bien trop répandues. Très vite, il a conscience d'être une sorte d'enfant prodige, parent pauvre de ces tout jeunes champions d'échecs dont parle parfois *Sélection du Reader's Digest*, la revue qu'il lit régulièrement chez ses grands-parents, et du monstre à frange et en culottes courtes qui répond en zézayant aux questions sur Homère dans le jeu télévisé que tout le pays suit fébrilement. Son truc à lui ? C'est la sensibilité. Écouter, parfois pleurer, très rarement parler. Quand cela se produit, parler est l'étape ultime. Il lui arrive de parler de ce qui l'a fait pleurer, du vendeur des rues cul-de-jatte, de la femme hémiplégique qui fume avec une moitié de son visage, du camarade de classe qui rate le car scolaire un après-midi d'hiver et doit regagner à pied les sinistres faubourgs où il habite. Mais le comble, le sommet, la représentation de gala du spectacle intime qu'il donne à l'attention de son père, c'est lorsqu'il parle de lui-même, quand il « s'exprime » et raconte « ce qu'il traverse ». Et là, c'est bien plus qu'un enfant prodige : c'est un champion olympique, un demi-dieu, le meilleur. Il faut voir avec quelle justesse, avec quelle précision il parle. D'où lui vient ce talent, son père l'ignore. De fait, il se le demande depuis le premier jour, lorsqu'il le surprend pour la première fois en train de pleurer dans les vestiaires du club et lui demande ce qu'il a, comme en passant, comme si le contrat de père que quelque crapule lui a fait signer en profitant d'un moment d'inconscience, dans la pénombre malsaine d'un des bouges que compte le quartier de Palermo et qu'il fréquente sans nul doute les samedis soirs où, affaibli par une angine, il doit, lui, passer la fin de semaine dans l'appartement de la rue Ortega y Gasset avec sa mère, ce qui ajoute aux poches de pus, aux amygdales enflées et à la fièvre l'embarras que provoque en lui une intimité tendue et gauche tenant au fond moins de l'intimité que de la cohabitation forcée, sous le même toit, de deux personnes qui préfèrent s'ignorer, la première parce qu'elle a beau aimer la seconde et être prête à tout pour elle, elle ne sait pas le moins du monde quoi en faire, et la seconde parce que pas une minute ne s'écoule sans qu'elle éprouve le désir d'être ailleurs, avec quelqu'un d'autre – comme si une des clauses du fatidique contrat stipulait qu'il est impératif non seulement d'associer la moue geignarde au motif invisible qui a pu la déclencher, mais aussi de demander à ses enfants ce qu'ils ont quand cette moue se met à leur déformer le visage. Et, au moment le plus inattendu, lorsque son père n'attend plus qu'une chose, qu'il lui tourne le dos pour cacher ses larmes et change de sujet, ou qu'il prenne ses jambes à son cou, faisant mine de répondre à l'appel d'un ami qui se dirige, raquette à la main, vers les courts de tennis, il lui reproche ce motif invisible, en réalité un, deux, trois motifs, une vraie litanie, qu'il a accumulés depuis qui sait combien de temps, et pas dans la langue balbutiante qu'on pourrait attendre d'un enfant, mais dans un monologue construit, articulé, si solide que son père jurerait, l'espace d'un instant, qu'il parle en dormant, en dormant les yeux ouverts, comme son ex-femme lui a dit qu'il faisait parfois, la nuit, pendant le reste de la semaine. [...] Bien évidemment il ne tient pas ce talent de son père, formé à une école pour qui l'introspection et les mots qui l'expriment sont une perte de temps sinon une faiblesse. C'est l'inverse : c'est lui, le fils, qui a combien, six, sept ans, lorsque son père saisit dans son regard la lueur d'anxiété avec laquelle il observe son ami, unique sauveur possible, se diriger vers les courts de tennis, et la décision instantanée qui le pousse à rester, à rejeter toute possibilité de fuir, à continuer à parler et à pleurer ? C'est lui qui, d'une certaine façon, transforme son père et le gagne à la cause de la sensibilité, au point que, tout comme Obélix, cet éternel drogué à la potion magique, il n'aura plus besoin de s'y baigner de nouveau pour posséder ses pouvoirs. S'il reste une question sans réponse, c'est naturellement celle-ci : d'où sort-on les choses, de quel lieu qui ne soit cette intériorité vague, molle et toujours saturée d'émotions, par ailleurs aussi convaincante et douée pour le chantage que sa contrepartie extérieure, le dehors également immonde auquel tout doit toujours affleurer ?

Il ne peut éviter de se rappeler la scène de ses premiers pleurs suivis de confessions, qui émeut son père aux larmes et consacre son enrôlement dans les rangs de la sensibilité, quand celui-ci justement l'emmène un soir dans un de ces bars où se produisent des musiciens et qu'on commence dans la ville à appeler non sans emphase des « pubs », et qu'il assiste au concert « légendaire », selon les chroniques qui l'évoqueront quelques années plus tard, marquant les retrouvailles d'un chanteur engagé avec ses admirateurs après six ans d'exil. Le public n'est guère nombreux, peut-être parce que le « pub », catégorie relativement nouvelle dans une sphère publique encore dominée par le « bar » et le « café », pour ne pas dire déconcertante au regard de l'éventail habituel des lieux de diffusion musicale, n'attire pas encore les petites foules que connaissent les théâtres, peut-être aussi parce que le chanteur engagé, qui vient de rentrer au pays et a du mal à mesurer l'irritation que son retour provoque chez les criminels au gouvernement, héritiers usés mais directs de ceux qui l'ont obligé à partir, n'a pas voulu courir de risques et a convaincu les patrons du pub, également organisateurs du concert, de ne pas lui donner la publicité qu'il méritait sans nul doute. D'emblée il a l'impression, agréable ou désagréable, il ne saurait le dire, non pas de participer à une manifestation interdite, car il a tout de même lu quelques articles sur le concert dans les journaux, et, s'il abritait quelque activité contraire à la loi, le pub n'ouvrirait pas si grandes ses portes et n'arborerait pas à l'entrée ces spots jaune pâle, allumés et visibles de tous, y compris des voitures de patrouille qui parcourent de temps en temps au pas une des principales avenues du quartier de Belgrano, mais à un événement hybride et autrement plus troublant dans lequel, peut-être pour ne pas faire peur et ne pas perdre complètement ses privilèges, la clandestinité accepte de se confondre avec l'exclusivité. Ainsi, à peine arrivé, dès que son père s'éclipse dans la coulisse pour saluer diverses connaissances appartenant au monde de la nuit, en particulier l'homme qui, un dimanche, luisant de crème sous l'implacable soleil d'été, pique une tête du plongeoir de la piscine du New Olivos et s'enfonce parfaitement dans l'eau, ou celui qui, assis à la table du bouge qu'il occupe depuis des années et a donc le droit d'appeler la sienne, a un paquet de cigarettes enroulé dans la manche de sa chemise remontée sur l'avant-bras et fournit à son père des filles, des doses de drogue et une généreuse ration de « verres », comme on désigne alors les whiskies, il se met, lui, à déambuler entre les tables, hésitant, et il se demande quoi faire, avec qui parler, où s'asseoir, et il ne sait pas davantage comment interpréter le fait que l'assistance soit si maigre, s'il doit s'en réjouir ou le regretter, s'en féliciter ou s'en attrister. Ce n'est qu'un concert mais, pour lui qui, formé comme tant d'autres à la dialectique de la masse et de la cellule, de la place publique et de la cave en sous-sol, la poignée d'hommes et de femmes à laquelle se réduit l'assistance venue ce soir retrouver le chanteur engagé, celui-là même qui, à peine sept ou huit ans plus tôt, remplissait les stades et autorisait avec joie les rédacteurs de consignes militantes à utiliser ses mélodies, ne peut qu'être un signe, par ailleurs guère encourageant, d'autant moins que la pénombre savamment élaborée du pub, son parquet en imitation de bois ancien et l'air radieux de ces femmes vêtues de blanc et de ces hommes bronzés qui tiennent de grands verres à la main reproduisent exactement l'atmosphère, le décor et les personnages des publicités pour des marques de cigarettes ou de whisky qu'on trouve au dos des hebdomadaires d'information, ceux-là mêmes qui dénonçaient il y a six ans la menace représentée par le chanteur engagé et exigeaient que ses chansons fussent interdites.

[...] C'est un vendredi. Brisant par surprise un silence de plusieurs mois, son père lui a téléphoné au dernier moment, presque à l'heure du concert. Il a hésité. Il n'a rien à faire et a même envisagé de rester chez lui, mais il lui suffit d'entendre l'enthousiasme teinté de culpabilité avec lequel on lui soumet ce programme pour qu'aussitôt de nombreuses autres sorties possibles resplendissent de mille feux sur l'horizon de la nuit. « Il est un peu tard, j'allais sortir », ment-il. En effet, il est tard. Mais si son père l'a appelé au tout dernier moment, c'est parce qu'il vient d'apprendre que le concert avait lieu, non pas en lisant le journal, comme on pourrait l'imaginer, ni de la bouche d'un tiers, mais de celle du chanteur engagé en personne qui, « un peu intimidé par l'événement » – il vient d'arriver d'Espagne muni d'un passeport temporaire et son avocat lui a recommandé d'attendre avant de défaire ses valises, c'est la première fois depuis sept ans qu'il revoit une ville dont il ne reconnaît pratiquement rien –, a décidé que cette soirée, celle de la première, serait une « soirée intime » et qu'il n'y aurait que des « visages amis » dans les premiers rangs, lui rapporte son père.

Une fois de plus, comme à chaque fois que son père exhibe la relation qu'il a avec une personne connue, il a du mal à y croire et plisse les yeux en signe de méfiance. Comme s'il se rendait enfin à l'évidence qu'il n'a jamais voulu admettre et comprenait que son père a toujours eu une double vie, il voit soudain son père sous les traits d'un de ces fanatiques aux cheveux teints et aux yeux avides qui collectionnent les photos dédicacées, font le pied de grue à la porte des chaînes de télévision afin de surprendre leurs vedettes favorites et transforment ensuite le bonjour, les quelques mots de courtoisie ou le sourire fugace, vaguement effrayé, que leurs idoles leur offrent, moins en guise de reconnaissance que pour se débarrasser d'eux sans éveiller leur rage, en marques d'une complicité ou d'une affection qui n'existent pas et n'existeront jamais. Il se méfie même quand l'existence de la relation a des antécédents qui la corroborent, comme c'est le cas avec le chanteur engagé, dont il se souvient avoir entendu son père parler souvent lorsqu'il était au sommet de sa gloire, d'abord au moment de son apparition, quand il imposa du jour au lendemain son léger accent italien, son naturel, ses chansons sirupeuses et pleines de bons sentiments évoquant dans le doux parler des rues propres aux classes moyennes la simplicité et la pureté de valeurs qui, à force d'être sous les yeux de tous, deviennent invisibles et se flattent secrètement de tout ce qui nous empêche de les identifier, y compris de ce qui les condamne à disparaître, car c'est justement le sort tragique menaçant ces valeurs perdues qui donne aux chansons une touche de mélancolie, laquelle leur permet de récolter des adeptes, de les émouvoir ou d'exercer un chantage sur eux ; et, plus tard, quand le chanteur engagé, pour vivre avec son temps, décida de revêtir ses chansons de la couche d'agressivité, de raideur et de colère qu'elles nécessitaient pour passer sans difficulté de l'industrie de l'émotion au marché de la politique, et appela à sectionner les barbelés qui entouraient les terres ou à s'approprier les moyens de production, du même ton proche et complice, celui de la confidence, avec lequel il a jusqu'alors célébré le miracle quotidien d'une averse, invité au café la fille qu'il voit tous les jours à l'arrêt du bus ou, habité par une compassion rêveuse, regardé son père vieillir.

Ce même soir, sans aller plus loin, tandis qu'ils se dirigent vers le pub, un peu pour le mettre à l'épreuve et un peu parce qu'il est indigné de se heurter à cette facette de son père qu'il fait tout pour oublier, il lui demande comment il se fait que le chanteur engagé en personne l'ait invité au concert, pour quelle raison, en quel honneur. Et s'il le lui demande, c'est uniquement parce que c'est plus fort que lui et qu'il ne peut vraiment pas s'en dispenser. S'il pouvait, comme il le ferait ! Car dès qu'il a posé la question, il reconnaît sur le visage de son père l'air à la fois satisfait et mystérieux qu'il donnerait tout, tout ce qu'il possède, pour s'épargner. Une fois de plus, il a mordu. Et pendant qu'il se bat avec l'hameçon planté dans son palais tout en se maudissant d'être tombé dans le piège, non par imprudence, car il le repère au premier coup d'œil, mais par faiblesse, par curiosité et par envie, son père pousse un long soupir et il comprend exactement, lui, ce qu'il faut comprendre : que c'est une « longue histoire », « compliquée », « impossible à résumer », mais dont son père, dans les minutes qui suivent, avec un art qu'il ne cessera jamais d'admirer tant il lui semble unique, se débrouille pourtant pour semer les détails inquiétants au sein d'un récit multipliant les digressions, les tours et les détours, et les points de suspension, « planques », « ligne de téléphone clandestine », « faux passeport », « Ezeiza », des mots qui continuent à flotter en lui telles des bouées phosphorescentes, vestiges d'un inimaginable monde enfoui qu'il ne peut déjà plus chasser de son esprit. S'il parlait plus clairement, au moins. [...] C'est justement ce qu'il y a de vague dans son récit, le flou dans lequel il laisse se dissoudre les dates et les faits, les zones d'ombre que non seulement il ne fait rien pour éviter mais qu'il paraît rechercher, c'est tout cela que, lui, ne sait s'il faut mettre sur le compte d'une mémoire désinvolte se fichant des précisions ou bien du simple calcul, ce qui lui donne à réfléchir. Et s'il s'exprimait ainsi, par bribes, dans le double but de satisfaire sa curiosité et, en même temps, de ne pas se compromettre ? Peut-être la frivolité de ce qu'il considère, lui, comme une relation de révérence servile qui lui vaut une condamnation sans appel et sans nuances – peu importe si le personnage en question est admirable ou indigne, si c'est un génie ou une nullité, un surdoué ou un idiot, car il comprend qu'elle situe son père à un niveau particulièrement bas sur l'échelle humaine – n'est-elle qu'un rideau de fumée, un écran destiné à dissimuler un lien plus étroit mais aussi plus risqué mettant instantanément en péril quiconque y a accès.

Mais, ce soir-là, il voit apparaître le chanteur engagé sur la scène du pub, il voit sa haute silhouette dégingandée s'avancer depuis le fond, sous les applaudissements et parmi les cris si rares qu'on a soudain du mal à comprendre s'ils sont censés l'encourager ou le menacer, et, sa petite guitare sèche à la main, s'asseoir sur le tabouret qu'on a installé sur le devant de la scène ; il voit la façon dont le faisceau lumineux qui descend du plafond forme un tube brillant, découpe la forme de sa tête frisée et le contour de ses lunettes de myope, les deux trouvailles les plus durables de son iconographie personnelle – avec, bien sûr, son sempiternel sourire, tellement inséparable de son visage qu'on l'a plus d'une fois expliqué par une forme bénigne d'atrophie musculaire –, toutes deux inchangées, malgré sept ans d'exil, et d'une certaine façon mises en valeur par la salopette blanche qu'il porte, une de ces tenues de chantier qu'on boutonne au niveau de la poitrine et qu'utilisent non pas les ouvriers – jamais aucun n'en a porté une –, mais les femmes enceintes, les ménagères qui font du jardinage et les comédiens qui, las de tenter leur chance à de multiples auditions et d'essuyer des refus, finissent par se réfugier dans le monde du théâtre pour enfants ou des comédies musicales, la seule nouveauté qu'il semble avoir ramenée du moulin sans eau potable ni électricité où il a vécu, dit-on, aux environs de Madrid, ça, la salopette blanche, et une chanson qu'il ne tarde pas à chanter ce soir-là, une primeur pour tout le monde et une révélation complète pour lui qui, en l'écoutant, croit comprendre une chose essentielle à sa vie – ce soir-là il le voit, lui qui ne le connaît qu'à travers les pochettes de ses disques, les photos des magazines et les programmes de télévision, et se demande avec stupéfaction qui a bien pu croire que ce type était dangereux, qu'il méritait d'être harcelé, qu'il fallait lui rendre la vie impossible et qu'on devait le pousser à quitter le pays, à emporter à jamais ses chansons avec lui.

Et pourtant, s'il devait désigner à cet instant ce qui le définit, ce qui parle de lui et lui donne un nom qu'il ne pourrait rejeter même s'il le voulait, car ce qui est ainsi nommé est une sorte de noyau idiot et enfoui auquel lui-même n'a jamais osé donner de nom, il choisirait trois vers du morceau que le chanteur engagé inaugure ce soir-là, trois vers qui, plus que l'affecter, ce qui impliquerait qu'ils sortent de la bouche du chanteur et voyagent dans l'air afin d'agir sur lui, semblent en fait sortir de lui-même, sortir et, sans voyager, car il n'a pas l'impression d'avoir ouvert la bouche, résonner dans la bouche du chanteur, conformément à ce miracle qui, dans le credo populaire, veut que l'auteur de tout, y compris des trois vers inédits dans lesquels il voit, tel un moribond, défiler toute sa vie, soit le peuple, c'est-à-dire le public, alors que les artistes ne sont au mieux que des médiums, de fiers porte-paroles du message que le peuple a choisis pour les transmettre – mais à qui ? Que transmettent-ils et à qui, s'ils sont à la fois les émetteurs et le public, et qu'en dehors d'eux il ne reste personne, personne du moins qui soit digne d'entendre ce message ?

Ce n'est pas qu'il ne se pose pas la question : il se la pose, mais le reste, la manière dont les trois vers du morceau que le chanteur engagé chante pour la première fois dans sa ville et dans son pays auxquels il n'a jamais cessé de penser en le composant, confesse-t-il avant de l'interpréter, éclairent une vérité secrètement gravée en lui, ce reste est plus fort et balaie tout. *Tout doit éclore / Comme au printemps / Surtout rien ne doit mourir à l'intérieur.* Il écoute ces vers et découvre quelle est sa cause, la cause pour laquelle il milite depuis qu'il est doté de raison, depuis cet âge où les enfants meurent d'envie de parler et lui, au contraire, d'écouter, et cette découverte le plonge dans une sorte de terreur émerveillée, par ailleurs si déconcertante et nouvelle que le reste de la strophe lui échappe et qu'il n'y prête de nouveau attention que lorsque le chanteur engagé, parfaitement fidèle au format de la chanson, la répète peu après et avec un peu plus de brio, profitant de l'accueil favorable qu'il a récolté la première fois, et les mains qui, jusqu'alors, bien qu'enthousiastes, n'intervenaient pour applaudir qu'à la fin des chansons, mordant au mieux sur les derniers accords, se risquent à présent à l'accompagner. *Allez, raconte, dis-moi / Tout ce qui t'arrive en ce moment / Car sinon, quand ton âme est seule, elle pleure / Tout doit éclore / Comme au printemps / Surtout rien ne doit mourir à l'intérieur / Parler en se regardant dans les yeux / Sortir tout ce qu'on a en soi / Pour que naissent à l'intérieur / Des choses / Nouvelles, nouvelles, nouvelles, nouvelles, nouvelles.*

Il comprend tout. Peut-être s'agit-il du grand événement politique de sa vie : ce qui lui révèle la justesse de la cause pour laquelle il a toujours milité est en même temps et à jamais ce qui lui retourne le plus l'estomac. Dès lors, il appelle cela la nausée. Dès lors, il ne peut rien voir, rien entendre qui concerne le chanteur engagé, il ne peut rien apprendre sur lui, qui, soit dit en passant, profite du changement de climat général, vend son fameux moulin et revient s'installer dans le pays, puis, avec le temps, raccroche sa guitare sèche et sa salopette blanche pour se consacrer à la charité politique, mais jamais n'abandonne son sourire, ses lunettes de myope et le ton de complicité simpliste, sans détours, qui sonne toujours comme s'il disait « allons prendre un café » ou « discutons », qui était en général celui de ses chansons, sans éprouver le besoin de brûler le journal qui publie une photo de son visage, de réduire en miettes le téléviseur qui le montre en train de chanter dans un théâtre de Cali ou dans des arènes à Quito, seuls décors, semble-t-il, où le « peuple » persiste à vouloir s'exprimer à travers lui, ou de rouer de coups celui qui vient de prononcer son nom, pas forcément pour l'encenser, au cours d'une conversation. Dès lors, tous ceux qui gravitent autour du chanteur engagé, pas seulement son parolier et ses proches amis mais ses contemporains, ceux qui ont son âge, ses « compagnons de route », comme on dit à l'époque, et aussi les temps qui le portent en triomphe, les valeurs qu'il défend, les vêtements qu'il arbore, tout lui apparaît rance, souillé par une pestilence singulière, toxique, tels ces mets qui, en se décomposant, dégagent après un certain laps de temps une puanteur bestiale difficile à concevoir même de la part de ce qui a pour seule forme d'existence possible la putréfaction. Comme de juste, son père ne tarde pas à succomber lui aussi – son père qu'il passe désormais au scanner et soumet à l'examen implacable de sa découverte et de sa colère, la pire qui soit, une colère mûrie de correspondant de guerre malgré soi, d'envoyé spécial sur le front, ainsi qu'il commence à se considérer. Chaque jour de sa vie, sans exception, il a été envoyé sur le front de la sensibilité, sur le champ de bataille de la sensibilité où tout n'est que « proximité », « peau », « émotion », « partage » et « larmes » ; chaque jour, en bon petit soldat, il est rentré au camp, et l'euphorie avec laquelle son père l'a accueilli, une euphorie redoublée s'il l'a vu rentrer avec une jambe en moins et plus assourdissant encore s'il lui manquait un œil et une main, a constitué moins une récompense qu'une incitation, le pot-de-vin nécessaire pour s'assurer qu'il se réveillerait tôt le lendemain matin, enfilerait son uniforme et repartirait au combat. Son père ne tarde pas à succomber, tout comme le voile humide qui recouvre ses yeux à chaque fois qu'il le voit revenir du champ de bataille de la sensibilité, avec ou sans butin, semble se condenser au coin de ses yeux et, lorsqu'il paraît sur le point de coaguler, de se changer en larmes, pof !, s'évapore – c'est d'ailleurs le même voile humide que son père, au fil des années, exhibe sur ses yeux comme par magie à chaque fois qu'il s'apprête, lui, à émettre quelque objection, à approfondir une question que son père préfère ignorer, et à mettre en évidence ce que son idiotie l'empêche de voir, qui trempe désormais son regard (« tremper », un verbe qu'il en vient à détester car il l'associe au mot « troquet », à la « chaleur » d'un « troquet » en hiver, aux « amoureux » qui « dessinent » un « cœur » sur la « vitrine trempée » du « troquet », c'est-à-dire à la repoussante galaxie imaginaire sur laquelle le chanteur engagé règne toujours) – et, en plus de les protéger, sape et désamorce aussitôt l'offensive qui le menace. *Allez, raconte, dis-moi.* Mais aller *où*, raconter *quoi*, dire *à qui ?*

Trop tard. La nausée, il peut bien la détester autant qu'il veut : ça ne l'empêchera pas de le ronger, de continuer à le ronger comme elle l'a toujours fait, avec patience et aplomb, avec une confiance aveugle dans son avenir et la certitude que le temps travaille pour elle, pour la nausée, de même que la rouille ronge avec une patience de moine, jusqu'à ce qu'elle ait transpercé ce qu'elle ronge. Car ce n'est pas le dégoût que lui inspire ce soir-là le chanteur engagé qui mérite une explication – ni ce dégoût-là ni aucun autre, soit dit en passant, ni rien qui ait à voir avec le dégoût en général, ce trou noir qui dévore tout et avale une somme de pensées susceptibles de jouer un rôle providentiel et même salutaire, si elles étaient consacrées aux objets appropriés. Non. C'est l'attraction et le magnétisme exercés par le chanteur engagé, auxquels il est difficile pour quiconque de résister, comme le prouvent les milliers et les milliers d'imbéciles qui, au fil des années, scandent son nom, se nourrissent de ses déclarations à la presse, chantent ses chansons, achètent ses disques et s'arrachent les places à ses concerts, mais qui se révèlent plus irrésistibles encore pour lui, idéologue inavoué du Proche. Qu'il l'admette ou non, c'est le chanteur engagé en personne qui, plus tard, à l'issue du concert, quand il ne reste dans le pub que « les amis », dont naturellement son père, et lui en guise de side-car, et que son père l'emmène faire sa connaissance, c'est le chanteur engagé, cet immonde personnage, avec ses lunettes rondes, ses bouclettes tire-bouchonnées et son air de quadragénaire refusant de raccrocher les gants, qui lui fournit la clé du problème « Mon fils », annonce son père lorsqu'ils arrivent jusqu'à lui, qui signe des autographes assis sur le bord de la scène. Le chanteur engagé rend son stylo à quelqu'un, plisse les yeux et le regarde émerveillé comme s'il était, quoi ? Une miche de pain chaud à peine sortie du four ? Un coucher de soleil ? Un revolver chargé de futur ? « Ton fils ! » s'exclame-t-il avec douceur, et, dans ce mélange parfaitement dosé de violence et de tendresse – « tendresse », un autre mot qu'il ne peut prononcer sans avoir le goût du poison dans la bouche –, il croit, lui, identifier la formule secrète d'une complicité fondée sur ce qu'il exècre le plus au monde, l'imprécision, la superficialité, l'autosatisfaction, et, lorsqu'il tend timidement la main, le bras aussi raide que celui d'un automate, pour ne pas faire mauvaise impression aux yeux de son père mais conserver tout de même une certaine distance, le chanteur engagé saisit ses avant-bras et, l'attirant soudain à lui de telle façon qu'il ne puisse résister, car il est pris par surprise, l'étreint longuement tout en appuyant son menton sur son épaule et en murmurant : « Comme c'est beau. Quel fils sensationnel tu as. Quel fils impressionnant » – et il ne le dit ni à son père ni à lui par le truchement de son père, naturellement, il ne le dit à personne en particulier, mais à cette foule anonyme pour laquelle il signe des autographes et chante des choses telles que *Je fus enfant, bercé, tétée, maman, fessée / Puis la peur, la sœur, les cris, la nuit, les pleurs / Plus tard les mots changèrent / Les regards se détournèrent / Il se passa une chose / Que je ne compris pas.* « Si tu n'as pas compris, se dit-il, lui, pourquoi ne te tais-tu pas ? Pourquoi ne ranges-tu pas ta guitare dans son étui ? Pourquoi n'es-tu pas resté dans ton foutu moulin ? » Et tandis qu'il se laisse presser comme un citron par ces bras trop maigres pour les manches de chemise qui les recouvrent, une chemise elle aussi blanche et portant un soleil brodé qui sourit et se lève de la poche de la salopette de menuisier, il comprend combien, s'il est un artiste en quelque matière – pour autant qu'on puisse associer le mot « artiste » à quelqu'un qui, deux heures et demie durant, s'est illustré de deux manières : la première, en entonnant avec un perpétuel sourire, comme on sourit « quand on chante », « quand on est vivant », « quand on est tous ensemble », un répertoire de chansons qui hérisserait d'indignation les plus débiles des débiles mentaux ; et la seconde en recourant à son plus beau ton d'Argentin réhabilité, qui laisse enfin derrière lui une douloureuse abstinence idiomatique, pour employer des mots tels que *joder*, *vale*, *camarero*, *gilipollas* et autres idiotismes appris au cours de son exil espagnol, des mots qui lui furent alors d'un grand secours et dont il s'offre à présent le luxe, à Buenos Aires, dans le cercle intime du pub, de se moquer –, il comprend que le chanteur engagé est précisément cela, un artiste consommé de la proximité, quelqu'un qui connaît mieux que personne la valeur, le sens et l'efficacité de la proximité dans toutes ses nuances, et il comprend en même temps l'ambivalence authentiquement géniale de cette étreinte intempestive qui, deux ou trois minutes plus tard, si le chanteur engagé ne lui imposait une stricte immobilité, commencerait à l'incommoder, d'une part parce qu'elle semble se contenter de traduire, d'exprimer par un geste un lien émotionnel qui préexistait entre eux, qu'on l'en eût averti ou non, et représente de ce fait, par sa modestie et sa réciprocité, la quintessence de « l'affectif », mais d'autre part parce que c'est un cadeau, un don, une chose qui n'existe et ne possède quelque éclat de réalité que par la volonté du chanteur engagé, car celui-ci, tel un prêtre qui n'obéirait pas à Dieu mais à son seul libre arbitre, décide de la lui offrir, et, en ce sens, miraculeux et contingent, c'est là un privilège.

C'est une chance que Bonté Humaine, comme il appelle dès lors le chanteur engagé dans son for intérieur, ait quelque chose à faire ce soir-là, aller manger « un bon steak » accompagné d'un

« bon coup de rouge » avec « les amis », par exemple, ou participer à n'importe quel autre de ces programmes de rééducation qu'acceptent de suivre ceux qui rentrent d'exil, si denses et intensifs, à vrai dire, que les Argentins eux-mêmes n'y résistent pas, et brise donc l'intimité qu'il a inaugurée par cette étreinte inattendue. Car s'il restait avec eux – avec son père et lui qui, bien qu'amis du chanteur engagé, au moment de vérité et après quelques manœuvres discrètes provoquant tout de même un début de malaise, sont exclus du groupe des fidèles qui partira bientôt en quête d'un « bon steak » et d'un « coup de rouge », ce qui plonge son père dans cette amertume dont il détecte, lui, les symptômes dans la façon qu'a chaque chose de changer soudain de polarité : ce qui, auparavant, était excitation, enthousiasme, admiration et gratitude est à présent déception, rancœur et mépris, et le chanteur engagé qui, il y a deux heures et demie, ou même durant le concert, lorsqu'il chantait *Je suis celui qui est dans le coin / Je ne veux rien de plus que ce que tu me donneras / Un jour on reçoit et un autre on perd / C'est comme les marguerites / Comme la mer / Comme la vie, la vie, la vie, la vie*, était « remarquable », avait son « authenticité » et son « charme », savait même transmettre une certaine « bonhomie argentine », est maintenant « un désastre », « ment y compris quand il accorde sa guitare » et chante des chansons que « même les sourds ne supportaient pas déjà dans les années soixante-dix » –, s'il restait avec eux, s'il acceptait d'aller dîner avec eux et que son père se levait de table à un moment, les laissant seuls, Bonté Humaine, peut-être assommé par le « bon steak » et le « coup de rouge » dont il ne se serait pas privé même en l'absence de ses fidèles, ne pourrait se retenir et se mettrait à déblatérer, à se confesser, à verser dans son oreille un poison doux et unique, et les secrets qu'il n'a jamais révélés à personne, les plus enfouis et les plus misérables, ceux qu'il ignore lui-même posséder.

C'est d'ailleurs ce que fait l'un des meilleurs amis de son père, un après-midi, au retour d'une maison de campagne située dans le nord de la province de Buenos Aires. Ils roulent dans une BMW dernier cri. Au carrefour de l'avenue Lugones et de la rue Dorrego, le compteur bloqué à cent soixante-quinze kilomètres-heure, alors que la conversation semble se satisfaire des sujets survolés depuis qu'ils ont quitté l'avenue Márquez, c'est-à-dire les demi-finales de Wimbledon, l'échec public inattendu d'un film policier argentin, l'envolée du dollar, la distraction que représentent les panneaux publicitaires qui bordent l'avenue Lugones, le type, un professionnel de la dissimulation à l'épaisse moustache et aux Ray-Ban impénétrables, lui ouvre son cœur sans prévenir et lui raconte en tremblant, avec des mots qu'il emploie visiblement pour la première fois tant il lui en coûte de les prononcer, « amour », « solitude », « tristesse », sans doute ceux que brasse Bonté Humaine lorsqu'il s'assied pour écrire ses chansons, que sa femme l'a quitté, qu'il pleure quand il voit sa brosse à dents, seule, dans la salle de bains, qu'il ne dort plus et ne sait plus faire son nœud de cravate sans aide. Il se passe la même chose alors qu'il a six ou sept ans, allez savoir, un dimanche à la tombée de la nuit, quand, dans les vestiaires du Paradise ou du West Olivos, déjà douché et changé, il va rendre sa serviette de bain à l'employé dans sa cabine et l'homme, qu'il connaît, qui a déjà reçu de ses mains des milliers de serviettes, avec les fils duquel (ils sont deux) il a pour habitude de jouer à chaque fois qu'il les croise à la piscine, mais avec qui il n'a jamais échangé d'autres mots que ceux de rigueur, est pris d'une sorte de hoquet liquide et lui raconte qu'il est allé chez le médecin, qu'il est malade et qu'il lui reste six mois à vivre.

Vingt ans plus tard, un soir où, euphorique par la grâce de l'amour qui a de nouveau fait irruption dans sa vie et l'a retournée comme un gant, il accepte l'invitation à la fête qu'une vieille amie donne pour célébrer son retour au pays après vingt années passées à l'étranger, dans la maison qu'on lui a prêtée jusqu'à ce qu'elle puisse s'installer chez elle, et, peu après le repas, tandis qu'il monopolise la conversation dans un élan de volubilité, une de ces effusions verbales dont l'exaltation a pour seules justifications le brio propre aux bonheurs naissants et sans doute le désir de les exposer aux yeux de ceux ou celles qui en sont la cause, en l'occurrence ce corps dont il n'est pas simplement amoureux mais qui l'a ramené à la vie, et auquel, ce soir-là comme durant les trois années qui suivent, est consacrée chacune des choses qu'il pense, dit et fait, un homme qui porte la barbe, un foulard autour du cou, une veste en tweed et des bottes de cheval en peau d'antilope, jusqu'alors assis à table en face de lui, c'est-à-dire également en face de celle que, depuis deux semaines à peine, il appelle en rougissant ma femme, cet homme se lève d'un coup et disparaît de son champ visuel pour ne réapparaître que quelques secondes plus tard à côté de lui, mais à présent c'est une voix, non plus une simple image – une voix qu'il entend pour la première fois de la soirée, songe-t-il au moment précis où il sent que l'autre se penche sur son épaule et se met à verser son infect venin dans son oreille : *Tout ça parce que t'as jamais été attaché à une barre de fer pendant que deux types te passaient les couilles à la gégène.*

Il ne réagit pas. Il est incapable de bouger. Plus tard, cette même nuit, alors qu'il rampe entre les draps pour embrasser le sexe de la femme qui vient littéralement de le ressusciter et se barbouille du sperme qu'il vient d'y répandre, il comprend que ce dont il ne revient pas, dans l'épisode de l'oligarque torturé, ainsi qu'il se met aussitôt à le désigner tant son style vestimentaire, ses manières, son port hiératique, sa diction aussi saccadée que celle d'un ivrogne et même son nom de famille – qu'il apprend, sans avoir expliqué pourquoi il lui importait tant de le connaître, alors qu'ils sont devant la porte et prennent congé de la maîtresse de maison, qui les embrasse, les remercie d'être venus et regrette une fois de plus, du ton outré qu'elle emploie pour regretter que ne se soit pas produite une chose qui n'avait pas la moindre chance de se produire, que « El Gato » n'ait pas été présent pour lui donner raison et corroborer ce qu'elle lui a raconté en le prenant à part au milieu de la fête, à savoir qu'à quarante ans, son ami Gato Barbieri, le célèbre saxophoniste, qu'elle connaît depuis les années soixante, persiste à dire *onigo* au lieu d'omnibus, c'est un fait absolument certain – lui rappellent les éleveurs de bétail et les propriétaires terriens qu'il a vus, année après année, quand il était enfant, au salon de l'agriculture de Buenos Aires, sortie obligée de tous les établissements scolaires du pays, ce dont il ne revient pas dans cet épisode, c'est le *Tout ça* par lequel débute la phrase empoisonnée que l'homme répand dans son conduit auditif. *Tout ça*, se dit-il. Mais *Tout ça* quoi ? De quoi s'agit-il ? Qu'est-ce que ça désigne ? Tout ce qu'il a pu dire au long des quarante minutes précédentes ? Ce qu'il a dit et la joie avec laquelle il l'a dit ? Tout ça et lui, lui compris, avec son visage et son nom, ce qu'il fait et sa façon de parler, l'âge qu'il a ? Tout ça, lui compris, de la tête aux pieds, et peu importe évidemment qu'il croise l'oligarque torturé pour la première fois de sa vie, plus elle, la femme dans les bras de qui il se rendort, ces bras où il voudrait mourir maintenant, à cet instant même, avant que le jour ne se lève ? Et pas seulement ce que cela désigne, mais ce que cela relie à quoi, comment cela « résout », ou comment et par quelle violence cela crée une étrange continuité entre le débordement d'effusions qui l'emporte, lui, l'amant flambant neuf, le paon dont on pourrait aisément, si on ne le supporte pas, calmer avec humour, freiner en changeant de sujet de conversation ou même ignorer l'étalage d'extraversion en le laissant parler seul, dans le vide, comme l'ont déjà fait sans malveillance plusieurs des personnes assises à la table, persuadées que le bain d'amour dans lequel il trempe est si profond et exclusif que découvrir qu'il y baigne tout seul non seulement ne réduira en rien son plaisir, mais l'augmentera peut-être – comment cela relie son bonheur, en un mot, et les cicatrices que l'oligarque torturé cache sous le coton de son slip de marque, stigmates d'un indicible cauchemar qui n'est à l'évidence pas terminé, non seulement parce qu'il est fort probable que le militaire qui l'a séquestré se promène en liberté, que celui qui l'a forcé à se mettre à nu devant lui n'ait d'autres comptes à rendre à la justice qu'une vieille amende impayée pour stationnement gênant, que celui qui l'a attaché à la barre de fer achète le vin en carton dont il se saoule dans le même supermarché que lui, que celui qui l'a torturé quitte le pays et y retourne comme n'importe qui sort de chez lui, et que ces gens se réunissent au café du coin toutes les deux semaines pour parler du bon vieux temps sans craindre d'autres châtiments que ceux que peuvent leur infliger une part de tarte aux blettes avariée, une limonade sans gaz ou une addition qui leur impute plus qu'ils n'ont consommé, mais aussi parce qu'il reste encore au monde des individus comme lui, des inconnus qui font irruption dans une fête, traversent la nuit telles de fulgurantes comètes, enfiévrés par la femme qu'ils ont à leurs côtés et dont ils ne peuvent se séparer – car s'ils le faisaient, comme il arriverait à la terre si le soleil cessait soudain de briller, toute la lumière qui les enveloppe et qu'ils ne paraissent émettre que par un effet d'optique s'éteindrait –, et ne semblent exister que pour jeter l'évidence effrontée de leur bonheur à la face du monde.

L'épisode le poursuit pendant quelque temps. Au tourment que constitue l'obligation de le revivre dans les moindres détails, tel qu'il s'est produit, s'en ajoute un autre, peut-être plus douloureux encore et sans doute plus cruel, celui d'avoir sur le bout de la langue, maintenant qu'il est trop tard, prêtes à entrer en action et à régler son compte à l'oligarque torturé, les répliques qui ne lui sont pas venues au moment opportun. Mais, avec les années, privée des coordonnées de lieu et de temps qui ont marqué son surgissement, la scène perd de sa vitalité, elle se déshydrate et se recroqueville sur elle-même, tout comme un organe extrait du corps se dessèche s'il n'est pas aussitôt accueilli par le tissu aux innombrables nerfs et vaisseaux sanguins d'un nouvel organisme, au point de se changer en une infime gêne qui n'occupe quasiment pas d'espace et qu'il n'est pas nécessaire de dissiper tant son pouvoir d'hostilité s'est affaibli, même si, à la première occasion, dès qu'il se trouve en orbite d'un trouble plus grand ou plus actuel, convoqué par un de ces signes qui, de but en blanc et sans le vouloir, font que le présent le plus banal rime avec un atroce morceau de passé, le foulard en soie que quelqu'un porte autour du cou, un nom de famille, des bottes de cheval parfaitement alignées dans la vitrine d'un maroquinier, il est soudain irrigué, comme par miracle, et se remet à le faire souffrir comme ce fut le cas cette nuit-là, la suivante et bien d'autres à leur suite. Et il a beau haïr l'oligarque torturé de toutes ses forces, il a beau, dix ans plus tard, avec la frénésie quelque peu bouffonne qui caractérise toujours les vengeances posthumes, lesquelles entendent réparer par un surcroît de fureur et d'acharnement la seule tragédie véritablement irréparable, celle de ne pas avoir été à la hauteur de l'occasion, se réveiller encore au milieu de la nuit, aiguillonné par la colère et, parmi le répertoire de vengeances qui bourdonnent telles des mouches autour de lui – dont l'une, probablement inspirée par une planche du dessinateur Quino, une histoire aussi vieille et aussi importante pour lui que celle des commères de Norman Rockwell, le pousse à chercher où il vit, quels sont ses horaires de sortie et de retour, à sonner chez lui avec insistance afin de le surprendre, au moment précis où il ouvre la porte, d'un coup de poing qui lui brise les dents, au risque, comme c'est le cas dans l'histoire de Quino, car bien des années se sont écoulées depuis l'incident, que la victime qui fut ce soir-là son bourreau apparaisse de nouveau comme une victime en ouvrant la porte, ainsi va la vie, quelqu'un d'endeuillé par la mort d'un être cher, ou malade, ou plongé dans un profonde dépression, ou désespéré –, il a beau en choisir une, toujours la même, celle qui lui paraît la plus brutale dans la lucidité de cette veille forcée : lui infliger sans cesse, dans son imagination galopante, la beauté insultante de la femme qui était alors à ses côtés, véritable et unique raison, comprend-il, de la crise d'animosité de l'autre, il mesure enfin combien il a tort de prendre le crétin qui versa dans son oreille les restes putrides de son supplice pour un artiste du ressentiment, un maître chanteur sans scrupules ou un psychopathe professionnel ; comme il est aveugle, lui qui s'est toujours vanté d'instiller dans le bonheur la douleur qui lui manque, s'il ne se rend pas compte que l'oligarque torturé est au fond comme l'empreinte de ses propres pas, quelqu'un qui lui rend la monnaie de sa pièce et, à sa façon, lui demande : *Que se passe-t-il ? N'as-tu aucun doute lorsqu'il s'agit de ton bonheur ? Te refuses-tu à exhumer la douleur quand elle appartient à un autre ? N'y a-t-il donc aucun lien entre bonheur et douleur quand il s'agit de ton bonheur mais de la douleur d'autrui ?*

Qui dit douleur dit secret, dit double vie. Le parfum de mort que distille ce phénomène de vitalité qu'a été le responsable des vestiaires du club est et demeurera un signe aussi noir et vertigineux, il ouvre grandes autant de portes inconnues auparavant que les soupirs que des amours malheureuses font pousser à un homme qui, jusqu'à la veille, ne perd la tête que pour un nouveau modèle de Ray-Ban et son calme que lorsque son entraîneur personnel manque un cours, et n'est pris de panique que si la femme en qui il vient d'éjaculer reste près de lui ne serait-ce que cinq secondes après l'avoir satisfait et prétend en plus parler, autant de portes que l'idée d'une pointe en métal électrifiée conçue à l'origine dans un but d'élevage, soit dit en passant, c'est-à-dire pour faire entrer les bêtes dans l'enclos, une pointe qui chatouille les testicules d'un homme essentiellement occupé il y a peu encore à prendre part à des ventes de bétail, à voyager, à faire de la voile sur le Río de la Plata accompagné de filles en bikini sur le pont du bateau. [...] Il lui plaît d'être le seul à connaître ces compartiments secrets. Il pourrait se plaindre, renoncer à son don d'écoute aussitôt qu'il l'a exercé et refuser ce rôle confidentiel qui, s'il n'y prend garde, deviendra un destin, mais personne ne le privera du plaisir qui le fait frissonner à chaque fois que quelqu'un se retourne comme un gant, tenté par la disponibilité de son oreille, cette oreille qui non seulement est là, à portée de la main, mais semble parler, interpeller dans sa langue silencieuse et dire : *Allez, raconte, dis-moi*.

Pourquoi ne pas se faire prêtre ? Pourquoi pas psychanalyste, chauffeur ou pédé, ou encore travailler dans un de ces centres d'aide aux personnes suicidaires qui, dans les films, dissuadent par une poignée de phrases opportunes les désespérés qui les appellent au téléphone, en équilibre sur une corniche, de se jeter dans le vide ? *Tout doit éclore / Comme au printemps*. Non, il n'envisage pas de faire fructifier ce talent qu'il abhorre dès qu'il découvre qu'il le possède. La chanson, en revanche, il la conserve telle une sorte d'hymne inavouable. La nausée. Avant qu'il n'en ait conscience elle est là, pas moyen de revenir en arrière : il comprend que sa chanson, cette chanson qui, aussi molle qu'un morceau de cire, porte les traces de tout ce qui l'entoure ou est en contact avec elle et, ce faisant, désigne, marque au fer rouge et finit par incarner à la fois la beauté et la vérité, est dans son cas une monstruosité innommable, atroce, abominable, qu'il ne se risque pas à fredonner en public mais qu'il entend sans cesse dans une partie de son cœur, d'où elle lui répète qui il est, de quoi il est fait, ce qu'il peut espérer. Prêtre non, c'est hors de question – à moins qu'on n'entende par prêtre le curé qu'interprète Nanni Moretti dans *La messe est finie*, un martyr, victime précisément de l'aura de compréhension, de tolérance et aussi de sagacité qui l'enveloppe et lui permet d'une certaine façon de « grimper », car c'est ce don, fort rare parmi les prêtres, lesquels, devraient pourtant en être équipés de série, qui incite ses supérieurs à le transférer de l'obscure paroisse qu'il administre sur une île de la mer Tyrrhénienne à une obscure paroisse de la banlieue de Rome, et semble inciter ses parents, sa sœur, le cercle d'amis qu'il retrouve des années après, tous frappés par les ravages du temps, la frustration, la maladie, la misère sexuelle et l'effondrement des idéaux, et dont l'un, ancien membre des Brigades rouges, est en prison, à pleurnicher sans arrêt, à réclamer son soutien à n'importe quelle heure du jour et de la nuit, et à le saouler de lamentations et de doutes, à quémander un salut que ni lui ni personne d'autre ne pourra jamais leur accorder. Et même lorsqu'il célèbre les scènes culminantes dans lesquelles le prêtre, las de cette pluie de suppliques qui s'abat chaque jour sur lui, au bout du rouleau, comme on dit, perd complètement les pédales et se met à gifler sa sœur qui veut avorter, admoneste à grands cris l'ami qui s'est fait rouer de coups parce qu'il taille des pipes à des inconnus dans la pénombre des cinémas, puis agonit d'insultes celui qui, abandonné par sa femme, décide de s'enfermer dans son appartement et de priver à jamais le monde de sa personne, même s'il exulte comme jamais lorsque Moretti, seul et en transe, se demande à voix haute pour qui le prend cette bande d'imbéciles qui déversent sur lui leurs infimes problèmes, il se demande aussi, scandalisé, pourquoi il n'a pas réagi plus tôt, pourquoi il a tant tardé à éclater. Mais il se le demande également, lui qui n'a pas éclaté et n'éclatera jamais, ni maintenant ni plus tard.

Au fond, ce qui le sépare du prêtre, c'est quelque chose de « viscéral » – un adjectif qu'il se refuse absolument à employer en tout autre circonstance et, comme c'est aussi le cas de « sympa », dont il se protège soigneusement, de même que Superman devrait se protéger des deux kryptonites si la bande dessinée, privée de son mal décisif, ne risquait de sombrer dans l'insignifiance : une invincible aversion pour les soutanes qui dérive sans doute de celle que lui inspirent les uniformes en général. Pas tant en raison de leur dimension communiste et égalitaire, ni de la possibilité d'identification au premier regard qu'elle offre, car au fond il l'apprécie et voudrait la voir plus souvent à l'œuvre dans la vie quotidienne, mais justement à cause de leur côté déguisement, de leur air de masque, de la promesse ou plutôt de l'évidence d'une double vie qu'ils contiennent, qu'il s'agisse d'uniformes de prêtres, de policiers, de militaires, de caissières de supermarché, d'écoliers. On les conçoit pour qu'il n'y ait pas de malentendu, pour que le message qu'ils font passer soit simple, direct, univoque – ce qui ne les empêche pas d'être à ses yeux synonymes de duplicité, de leurre, d'appât dissimulant un piège. En toute personne portant un uniforme il voit deux êtres, au moins deux, qui s'opposent : l'un qui promet la sécurité et l'autre qui vole et viole arme au poing ; l'un qui surveille les frontières de la patrie, et l'autre qui pille et extermine, plastron sur la poitrine ; l'un qui bénit et réconforte, et l'autre qui se fait tripoter par des enfants de chœur dans un confessionnal ; l'un qui sourit et tape sur sa caisse enregistreuse avec professionnalisme, et l'autre qui comptabilise des produits que personne n'a achetés ; et, de ces deux êtres, il y en a un, celui qui est caché, tapi derrière le tissu kaki, les insignes du grade, le col de prêtre ou même le foulard, la veste en cuir et les bottes de cheval de l'oligarque torturé, qui ne figurent vraisemblablement dans aucun catalogue officiel des uniformes mais occuperaient la double page centrale de tout ouvrage consacré aux us et coutumes de la classe dirigeante argentine, un qu'il craint, moins en raison de ce qu'il pourrait lui faire, car alerté par le port de l'uniforme il sait d'avance quel as l'autre sortira habilement de sa manche et comment le contrer, que parce qu'il sait aussi qu'à un moment, tôt ou tard, ce double caché le verra, le reconnaîtra, touchera son épaule et lui confiera à lui, seulement à lui, ce qui brûle dans sa poitrine.

[...] Aussi ironique que cela puisse paraître, tandis qu'il brise, en costume de Superman, la vitre de la porte-fenêtre qui donne sur le balcon, au quatrième étage de l'immeuble, en bas, dans la rue Ortega y Gasset, qu'au fil des ans il se met à se remémorer en noir et blanc, bordée d'arbres sans feuilles dont les troncs sont peints à la chaux tels ceux d'un village frappé par la peste et balisent le trottoir tous les quelques mètres, les rares personnes que l'on voit marcher, monter dans une automobile ou en descendre, pénétrer dans ces immeubles ou en sortir, sont pratiquement toutes identiques et en uniforme. Normal : ce sont des militaires, comme le quartier, l'architecte qui a dessiné les bâtiments, la plupart des noms de rues, l'hôpital installé au bord d'un fossé dans lequel, de temps en temps et dans un fracas qu'au début il s'acharne à attribuer, bien qu'il sache ce qui le provoque car sa mère le lui a dit, à quelque catastrophe naturelle qui ne laissera aucun survivant, atterrissent des hélicoptères qu'il imagine remplis de soldats blessés – tout comme sont militaires les Jeeps, les camions et même les véhicules particuliers, reconnaissables à leur spectaculaire déploiement d'emblèmes patriotiques, qui apparaissent très épisodiquement dans la rue, et l'ancien propriétaire de l'appartement où il vit, un pilote de chasse que son grand-père a rencontré au cours d'un voyage de noces collectif, une astuce de l'époque, au milieu des années trente, permettant de dissimuler, au moins pendant les premières semaines suivant le mariage, le cancer sournoisement niché dans toute union matrimoniale, l'ennui, et dont il ne tarde pas à devenir l'ami, puis qu'il tire du pétrin dans lequel le plonge un vice jamais vraiment éclairci, le jeu, les femmes, des affaires louches, et qui finit, lorsqu'il devient évident qu'il ne pourra rembourser la somme qu'il lui a prêtée car le jeu, les femmes, les affaires louches ou quoi que puisse être ce qui l'a précipité aussi bas, continuent à le ronger, solde sa dette en une seule fois au moyen de ce petit appartement de trois pièces que la Force, comme il l'appelle, lui a vendu à des conditions très avantageuses lorsqu'il s'est marié et qu'il n'a jamais habité, car il était trop étroit pour des prétentions trop élevées, comme il sied à un pilote de chasse –, de même qu'est militaire, semble-t-il, le voisin à la fine moustache et au crâne rasé qui, alerté par le fracas de la vitre brisée et par les cris de sa mère et de ses grands-parents, lesquels imaginent déjà le petit Superman défiguré, se hâte de sonner chez eux et, quand sa grand-mère lui ouvre la porte, aux prises avec les derniers soubresauts du fou rire hystérique qui s'est emparé d'elle en constatant qu'il ne s'était miraculeusement rien passé de grave, entre sans attendre qu'on l'y invite et, en trois foulées agiles, se plante à l'autre bout du salon, en partie pour offrir son aide, comme il l'annonce lui-même, et en partie pour voir de ses propres yeux quelle sorte d'incident a pu le tirer de sa sieste, ainsi qu'en témoignent le débardeur blanc, la chemise kaki qu'il porte ouverte par-dessus, le pantalon boutonné à la hâte et les minuscules pieds nus.

De même que, bien plus tard, après, une fois passées les années dont ont besoin les ruines du passé pour parvenir à étayer une fiction évoquant toujours autre chose, il examine les photos de cet après-midi-là, prises par son grand-père afin d'étrenner son tout nouvel appareil, et les flagrantes imperfections du costume de Superman lui arrachent des éclats de rire, non seulement celles qui sont d'origine, l'ourlet défait qu'il traîne derrière lui en marchant, les boutons trop visibles, les coutures déchirées sous les aisselles, l'excédent de tissu qui pend sur sa poitrine, mais aussi celles qu'il lui a infligées au cours des vingt minutes qui s'écoulent à partir du moment où il le déballe, une des manches étant restée accrochée à un coin de la boîte et une averse de lait chocolaté ayant aspergé le *S* mal dessiné lorsqu'il a éternué, un *S* à l'envers qui devrait d'ailleurs éclater sous la pression de ses pectoraux contractés, ainsi, à chaque fois qu'il descend patrouiller dans la rue sur son tricycle et croise une paire de militaires, puisqu'ils vont toujours au moins par deux, en vertu d'une loi qu'il ignore mais qui semble leur interdire de marcher seuls, ce qui le laisse alors sans voix, c'est l'aspect absolument impeccable que ces uniformes arborent, de face lorsque les militaires avancent vers lui, de dos lorsqu'il cesse de pédaler et tourne la tête pour les regarder : ils sont propres et repassés, tous deux de la même couleur, exactement à la bonne taille et flambant neufs, comme s'ils venaient de sortir non de chez le teinturier, car il resterait tout de même une tache, mais des ateliers où ils ont été confectionnés. Tout condamne les militaires, bien coiffés, la casquette en place, les souliers cirés, tenant leur sacoche en cuir à la bonne hauteur et avançant d'un pas toujours synchronisé, à ressembler à des caricatures, à des bonshommes en pâte d'amande, à ces personnages ingénus qu'on trouve sur les gâteaux d'anniversaire. Mais il les voit, lui, il les voit deux par deux, se touchant presque, à la fois omniprésents, car dans le quartier les civils brillent par leur absence, et trop rares, comme s'ils étaient des représentants d'une espèce extraordinaire ou moribonde et évitaient de gaspiller leurs forces – et ils lui semblent si neufs qu'il pense aux extraterrestres des *Envahisseurs* lorsqu'ils adoptent une forme humaine, la seule, croit-il se rappeler, sous laquelle ils apparaissent, car s'ils en ont une autre, une forme originale, il ne l'a jamais vue. Cette forme, la série la lui doit. Cette dette, qu'elle contracte épisode après épisode, en même temps que le charisme vulnérable de David Vincent – héros d'une fiction qui ne parle en définitive que d'une chose, l'espoir, de la façon d'en avoir, de le perdre et de le retrouver, et établit tel un axiome le principe suivant : l'espoir est seulement une petite différence, un reste qui brille d'autant plus qu'il tend vers zéro –, c'est peut-être ce qui le pousse tous les après-midi, quand il rentre de l'école, à remettre à plus tard des obligations autrement pressantes pour s'abandonner pendant une demi-heure devant le téléviseur.

[...] Il place le tricycle en position de départ, s'assied et, lorsqu'il pose sur la pédale le pied qui, alors déjà, à quatre ans, quatre ans et demi, fait honte à sa mère et à sa grand-mère, lesquelles se laissent à chaque fois surprendre par ce précoce chef-d'œuvre de difformité et cachent les leurs sous la table basse, commence à se tordre à cause de l'oignon, il observe la rue déserte et, comme les chats, hume quelque chose dans l'air. Il lève les yeux et regarde ce qui se passe. Rien ne bouge. Il y a bien du vent, une brise aimable qui décoiffe ces cheveux que son grand-père rêve toujours de lui couper et de voir enfin rassemblés en petits tas sur le sol brillant d'un salon de coiffure pour hommes, mais les quelques feuilles qui résistent encore sur les branches sont immobiles, comme si elles faisaient partie du décor. Puis son regard se pose plus bas, sur le tricycle, et il aperçoit la paire de militaires venir vers lui, tellement synchrones que leur démarche semble avoir été répétée. Ils exécutent. Ils sont toujours en mission. Il y a quelque chose du zombie dans la pureté mécanique de leurs gestes, dans l'absence d'hésitation et la détermination avec lesquelles ils bougent. Ce n'est pas qu'ils ne se laissent pas distraire : la distraction est dans leur cas impensable, comme de respirer sous l'eau pour un oiseau. Qui sont-ils ? D'où viennent-ils ? Plus que de leurs domiciles, avec leurs salons bien chauffés, leurs chambres à moitié rangées, leurs salles de bains encore envahies par la vapeur d'eau après une douche, plus que de bureaux, avec leurs chaises pivotantes, leurs stores vénitiens, leurs sols couverts de moquette, il les imagine vingt minutes plus tôt et les voit émerger de capsules vitrées dans lesquelles ils ont hiberné toute la nuit et qui s'ouvrent soudain, actionnées par on ne sait quel cerveau central, dans un claquement prolongé par un soupir très semblable à celui que feront, des années plus tard, les omnibus de ligne, pas les *onigos*, en freinant et en s'arrêtant – ces mêmes capsules, croisement entre un sèche-cheveux et un ascenseur transparent, dans lesquelles les envahisseurs des *Envahisseurs* passent inanimés tout le temps où ils ne sont pas occupés à prendre le contrôle d'usines d'armement, à s'emparer de chaînes de télévision ou à se glisser dans le corps d'une série de terriens à l'importance stratégique. [...] Si quelque chose vient entraver la mission que les militaires doivent remplir, et ce quelque chose peut être n'importe quoi, un chien errant qui vient se coucher sous les pneus sculptés de leur Jeep, un concierge qui les aperçoit venir vers lui mais continue à asperger d'eau le trottoir, lui-même avec son tricycle et la dame qui l'accompagne, tout obstacle qu'une volonté ennemie place en pleine trajectoire – tracée sur la carte pliée en quatre qu'ils rangent dans l'une des poches de leur uniforme impeccable –, l'étonnement, l'indignation et le dégoût qu'ils ressentent, et les réactions immédiates que cela provoque, ressemblent beaucoup à l'étincelle de contrariété et à la détermination criminelle qui surgissent chez les extraterrestres lorsqu'on leur fait comprendre, presque toujours malgré soi, qu'on sait bien qu'ils ne sont pas ce qu'ils ont l'air d'être.

Combien de temps met-il à comprendre qu'en lui se produit l'inverse, que déjà en lui, qui voit venir les extraterrestres, lance un coup d'œil à sa gardienne et garde le pied calmement posé sur la pédale jusqu'à ce qu'il ait une crampe, la fiction vient d'abord et ensuite, très lointaine et très pâle, la réalité ? Ceci explique que, comme en son temps l'option curé, l'option pédé ait elle aussi été écartée lorsqu'il s'est agi d'exploiter sa capacité d'écoute. C'est bon pour ce pédé de Puig, se dit-il, l'écrivain Manuel Puig, qui ne supportait pas que le réel pût se trouver à une telle distance et l'atteignait en se servant de la fiction comme accélérateur, comme raccourci, seul véritable « *intermezzo* ». Lui, la fiction, il l'utilise dans l'autre sens, pour maintenir le réel à distance, pour interposer quelque chose entre le réel et lui, une chose d'un autre ordre et qui soit par essence, dans la mesure du possible, d'un autre ordre. Tout ou presque en découle : lire avant de savoir lire, dessiner sans savoir comment on tient un crayon, écrire en ignorant l'alphabet. Tout, à condition de ne pas être près. (Comme il l'a plus d'une fois supposé, la précocité ne serait donc qu'une des expressions de cette obsession pour la médiation.) Contrairement à ce qui se passe, croit-il deviner, dans bon nombre des films en noir et blanc qu'il regarde à la télévision le samedi après-midi, pendant que sa mère dort sous l'effet d'une sorte de cuite permanente, ces films dans lesquels les extraterrestres apparaissent toujours précédés d'un inquiétant hululement de thérémine et représentent les envahisseurs communistes, pour lui les militaires représentent les extraterrestres, de même que l'hôpital installé au bord du fossé est la métaphore du laboratoire où leurs organismes se régénèrent, et leurs Jeeps, leurs chars d'assaut, leurs camions munis de chenilles sont l'incarnation terrestre de moyens de locomotion si avancés que l'imagination humaine est incapable de les concevoir. Il n'a pas besoin d'aller aussi loin, lui, il se contente des uniformes. Jamais un pli, une tache ou un revers froissé. Comment est-ce possible ?

Un de ces après-midi étranges où sa mère, par la grâce d'une nuit sans cauchemar ou d'un cocktail médicamenteux bien dosé, décide à sa grande surprise de l'accompagner elle-même se promener sur la place, il entre dans le petit ascenseur et se glisse tant bien que mal dans le coin resté vide. C'est un espace minuscule, coincé entre la porte et le tricycle que sa mère, qui n'a encore dû ferrailler avec l'engin qu'une fois, le jour où ses grands-parents ont débarqué à l'improviste dans l'appartement, le paquet dans les mains, et où quelqu'un – en aucun cas son grand-père, dont les réserves limitées de générosité s'épuisent d'ordinaire avec le cadeau qu'il vient d'offrir et qui se contente ensuite d'observer, comme si elles échappaient à sa juridiction, toutes les opérations réellement fatigantes déclenchées par son présent – doit se charger de le libérer des blocs de polystyrène qui l'immobilisent et de le sortir de son carton, vient de réussir à caser dans la cabine, au prix d'un rude combat et de la manière la plus incommode et antiéconomique qui soit : en diagonale, ce qui divise l'espace de l'ascenseur en deux triangles inégaux. C'est ainsi que sa mère, qui n'a pas encore mis les pieds dans la rue et dont on voit déjà, à la tête qu'elle fait, qu'elle donnerait tout pour se recoucher, renfiler sa chemise de nuit, baisser les persiennes, avaler un autre comprimé et dormir jusqu'au soir, ferme la porte grillagée et appuie sur le bouton du rez-de-chaussée lorsqu'une main fait irruption dans la cabine, rouvre la porte d'un coup et arrête l'ascenseur qui venait juste de démarrer. C'est le voisin, le voisin militaire. Il s'excuse et entre, accompagné par un nuage de parfum glacé, une de ces fragrances bon marché qu'on n'évite de confondre avec les déodorants d'ambiance qui parfument les toilettes dans la plupart des lieux publics qu'au prix de beaucoup d'indulgence, ou parce qu'elles sont associées au corps humain et non à une pièce vide aux murs carrelés. Il entre vêtu de son uniforme, il ne peut en être autrement, et seul cet uniforme visiblement propre, repassé et impeccable, comme tous ceux qu'arborent dans la rue ses jumeaux d'Alpha du Centaure, peut le contraindre, lui, à détourner les yeux de ce qui les attire depuis quelques secondes : la fente sombre que vient de créer, trop près de ses petits pieds, la différence de hauteur entre le palier et le sol de l'ascenseur, dans laquelle il sent que son corps pourrait tenir sans problème et où il s'imagine déjà plonger vers l'abîme, tel un jeton humain. Ils descendent en ascenseur – sa mère et le voisin ensemble, d'un côté du tricycle, et lui de l'autre, tandis que la roue avant continue à tourner dans son élan et frôle sa frange –, et il profite de ce que sa mère et le voisin échangent quelques phrases protocolaires dans lesquelles, à l'évidence, ils mettent néanmoins beaucoup d'eux-mêmes, bien plus que ne l'exige la nature de la conversation, sa mère sans doute afin de consolider une respectabilité qu'elle croit entamée par sa condition de femme jeune, déjà séparée et avec un enfant à charge, et le militaire, allez savoir, peut-être parce qu'il la désire, peut-être parce qu'il se demande qui peut bien être cette femme jeune, déjà séparée et avec un enfant à charge, qui n'écoute que du jazz, s'habille à la dernière mode et n'arrive pas à fermer un œil sans somnifères, ou peut-être parce qu'il a lui aussi quelque chose à cacher – il en profite pour scruter l'uniforme du voisin de bas en haut. De nouveau cette fascination, cet émerveillement, cette stupeur dans lesquels le plongent ces tissus lisses, homogènes, vierges de la moindre irrégularité, d'un autre monde, qu'il ne songe à comparer qu'avec la carrosserie métallique, si toutefois les métaux existent sur Alpha du Centaure, naturellement, des vaisseaux qu'utilisent les envahisseurs pour voyager. Et pourtant, au deuxième ou au troisième coup d'œil ascendant et descendant, ses yeux sont surpris par quelque chose qui détonne sur la manche de la veste, une dissonance, là où la main du voisin s'ouvre et se ferme plusieurs fois, révélant des doigts fuselés et brillants, et des ongles évidemment manucurés, qui tiennent un trousseau de clés : la doublure de la veste est décousue et laisse sortir une langue alanguie sur l'ourlet.

Forcément, ça change tout. Car si l'uniforme immaculé est déjà en soi un signe de fausseté, une façade trompeuse, que dire d'un uniforme imparfait ? Il ne peut y croire. Il lui semble que sa tête se met à faire non de sa propre initiative, sans qu'il ait dû le lui ordonner. Ils continuent à descendre. Le nuage de parfum, jusqu'alors suspendu au niveau de la tête et des épaules du voisin militaire, là où il a manifestement été aspergé quelques minutes plus tôt, a commencé à se désagréger et à descendre, il se pose à présent sur lui telle une écœurante cape, un mélange douceâtre de menthe, d'essences de fleurs et d'arômes des bois de Patagonie qui finit, bien qu'il garde les lèvres et la mâchoire serrées, davantage en raison de l'incrédulité que suscite en lui le défaut de l'uniforme que pour se défendre des émanations, par pénétrer dans sa bouche et par provoquer des milliers d'étincelles effervescentes sur son palais. La doublure décousue est devant lui, à la hauteur de ses yeux, balayée par le passage de la roue avant du tricycle qui continue à tourner. Elle est si près, se dit-il, tellement nette, juste devant lui, que c'est comme s'il l'avait décousue lui-même. Soudain il a peur qu'on l'accuse. Il décide de ne pas regarder, détourne le regard et fixe le bout de ses chaussures, là où le cuir noir a tendance à s'écailler. Au moment où ils passent du troisième au deuxième étage, la bouffée de parfum s'épaissit et se concentre à l'entrée de sa gorge : c'est une pâte dense, encore malléable, comme celle que le dentiste utilise parfois pour lui recouvrir les dents et faire un moule de sa bouche, et qui devient en quelques secondes aussi dure et sèche que de la pierre. Il ne tarde pas à étouffer. Ils arrivent au rez-de-chaussée quand il est pris d'un haut-le-cœur, le premier, le plus fort des trois ou quatre qui se concluent, peu après que le voisin militaire, devinant ce qui s'annonçait, s'est hâté d'ouvrir la porte de l'ascenseur, par l'accès de gerbe le plus impressionnant de sa jeune vie.

Ce n'est pas sa mère qui prend la situation en main, car elle est comme toujours plus préoccupée par l'aspect public des choses – sa honte devant le voisin, la probable réaction du concierge lorsqu'il verra le hall souillé de l'immeuble, l'engagement qu'elle prend en recevant de l'aide, la dette qu'elle contracte non pas en l'acceptant, car tout s'est passé trop vite, il n'a pas été question de proposer ou d'accepter, mais simplement en ne la refusant pas – que par leur dimension maternelle et médicale. Ce n'est pas elle, qui parvient tout juste à faire quelques gestes spasmodiques privés de toute conviction, se pencher sur lui et se relever l'air dégoûté, chercher dans son sac à main un mouchoir en papier, un journal, un médicament, quelque chose qu'elle n'a à l'évidence pas sur elle et qui ne lui serait du reste d'aucun secours mais incarne l'idée qu'elle se fait d'un geste de secours dans un monde abstrait, très lointain, le seul dans lequel elle peut s'imaginer fournir de l'aide à quelqu'un, c'est le voisin militaire, qui n'hésite pas à mettre en péril le pli impeccable de son pantalon et à s'agenouiller, près de lui qui souffre en fixant son reflet sur le sol dallé, le tient délicatement par les aisselles et l'invite à continuer, à vomir encore, toutes les fois qu'il faudra, dit-il, jusqu'à ce qu'il se soit complètement soulagé, et les mots qu'il emploie pour l'encourager – comme lui-même le reconnaîtra plus tard, le moment venu, avec effarement – franchissent les années comme des flèches et trouvent un écho dans ceux qu'un soir, dans le pub de Belgrano, le chanteur engagé ami de son père chante en s'accompagnant de sa guitare sèche et lui plante dans le cœur. En l'espace de dix secondes, tout son corps est trempé de sueur, il est glacé et se met à trembler. Dès qu'il comprend qu'il a fini de vomir, le voisin s'assied par terre, saisit ses jambes et les pose sur le berceau improvisé de ses propres cuisses. Il se laisse faire. Il aimerait résister, se débattre dans ces bras inconnus qui, au contact de son corps, l'étonnent par leur maigreur, par leur délicatesse, et, à un moment, alors qu'il passe du sol dur au lit que forment les jambes du voisin, il va jusqu'à lancer à sa mère un regard de bas en haut dans le but de lui faire comprendre en silence, car il a peur que tout recommence s'il ouvre la bouche, par quelque signe muet et néanmoins des plus éloquents, que s'il ne se débat pas, s'il se laisse faire et accepte l'hospitalité de l'inconnu, ce n'est pas parce qu'il le désire ou qu'il en a décidé ainsi, mais parce qu'il n'a pas la force d'agir autrement. Quoi qu'il en soit, ce n'est pas sa mère qu'il voit lorsqu'il lève les yeux, ou du moins ne la reconnaît-il pas tout à fait sous les traits de cette femme qui, bien qu'habillée comme sa mère et suffisamment semblable à sa mère pour pouvoir se faire passer pour elle, fixe l'espace d'une seconde la flaque de vomi répandue sur le sol, le visage défiguré par une moue de dégoût, et, après avoir répété deux fois, à voix basse, quelques mots, une phrase qu'il déchiffre en lisant sur ses lèvres, *Quelle horreur ! Quelle horreur !* annonce du même ton, comme si elle était elle-même sur le point de vomir, qu'elle monte chercher une serpillière, puis se précipite dans l'ascenseur, l'abandonnant aux bras de l'inconnu.

[…] Les doigts des deux mains ne lui suffisent plus pour compter toutes les fois où il a tenté de rappeler l'épisode à sa mère et où celle-ci l'a regardé avec étonnement, manifestant une sorte de stupéfaction lointaine et parfois même scandalisée, comme si elle voyait dans son insistance à lui remémorer la scène non un authentique besoin de savoir mais une volonté obstinée de la confondre avec quelqu'un d'autre. « Ce n'était pas avec moi », dit-elle, et, bien qu'il renforce d'une certaine manière le sentiment d'étrangeté qu'il éprouve alors, dans le hall d'entrée de l'immeuble, lorsqu'il la regarde et ne parvient pas à la reconnaître, le fait qu'elle nie systématiquement avoir pris part à cet épisode et se refuse ainsi à lui accorder le moindre crédit, à faire le moindre effort et à fouiller encore sa mémoire, suffit à le mettre hors de lui. Lui-même ne se rappelle pas grand-chose, d'ailleurs. Mais n'est-ce pas justement pour cette raison, parce que les traces que la scène laisse chez un enfant malade et affaibli sont vagues, confuses, et ne supportent guère que quelques termes génériques, « voisin », « appartement », « après-midi », qui pourraient décrire avec la même pertinence cet épisode mais aussi n'importe quel autre, n'est-ce pas pour cela qu'il a absolument besoin que sa mère lui dise que oui, elle y était, et qu'elle l'aide à reconstituer la scène ? Il ne se rappelle presque rien, à vrai dire, et le peu qui subsiste s'efface avec le temps, victime de sa mémoire défaillante et des dénégations acharnées de sa mère. À chaque fois qu'elle rejette toute participation à la scène et plus encore lorsqu'elle conteste qu'elle ait pu avoir lieu, il sent qu'un élément essentiel de cet épisode lui échappe, pas un de ceux, du reste peu nombreux, dont il conserve encore le souvenir, mais un autre, nouveau, aux contours encore flous, mais prometteur, qui lui permettra peut-être d'en déduire ceux qui lui manquent et que le mutisme jamais démenti de sa mère renvoie aussitôt dans les ténèbres d'où il commençait à sortir. Au fond, la seule chose dont il se souvient, lui, c'est ce qui se produit en dernier lieu, une fraction de seconde avant qu'il ne s'endorme dans les bras du voisin. D'une voix très basse mais à son oreille, qu'il peut observer d'un point de vue idéal puisque son petit corps est allongé de côté sur ses jambes, le voisin s'est mis à fredonner, à le bercer en chantant un air pour enfants et, tandis qu'il chante, il a pris ses mains glacées pour les réchauffer, n'imaginant naturellement pas qu'il verrait sur le bout de ses doigts ces petits traits rouges verticaux qui ne lui échappent pas et qu'il examine de près puis caresse du bout de ses propres doigts, comme si une chose ne pouvait être comprise et soignée que par la même chose, jusqu'à ce que, honteux, dans un ultime élan de courage, il retire ses doigts, lui, enfin succombe à la chanson et s'endorme.

Le 11 septembre 1973, en visite chez un ami de deux ans plus âgé, dans le cadre d'une de ces amitiés déséquilibrées qui ont été et demeureront sa spécialité et dans lesquelles il sera toujours le plus jeune, il sort de la chambre de son camarade pour aller se chercher une part de ce gâteau marbré qui le rend fou et, lorsqu'il revient, avec quatre tranches officielles dans une assiette et deux autres, clandestines, dans l'estomac, et le surprend assis sur le bord du lit, en larmes et inconsolable devant l'écran du téléviseur noir et blanc montrant de la fumée qui s'échappe, à Santiago, des fenêtres du palais de la Moneda bombardé à quatre reprises tout au long de la journée par des escadrons d'avions et d'hélicoptères de l'Armée de l'air, pendant que la voix affligée du présentateur des informations révèle la rumeur selon laquelle Allende – Salvador Allende, l'actuel président, comme on le désigne, allez savoir si c'est par sympathie, par scrupule juridique, car Allende ne cessera pas d'être président du Chili quand le palais qui était le siège de son pouvoir sera réduit en cendres par le feu des armes, mais lorsqu'un autre occupera son fauteuil, ou simplement par prudence, au nom d'une circonspection à l'égard des rumeurs que l'insistance avec laquelle le présentateur propage celle-ci ne fait que démentir – se serait suicidé, après avoir résisté à l'intérieur du palais en compagnie de ses plus proches collaborateurs, en se tirant dans la bouche une balle de AK-47, le fusil d'assaut que lui avait offert Fidel Castro. Il le voit pleurer et, avant de comprendre exactement pourquoi il pleure, avant de faire le lien entre ce qu'il sait des convictions politiques de son ami – très semblables aux siennes mais, a-t-il toujours eu la douloureuse impression, tellement plus convaincantes, au point que, depuis qu'il le connaît et qu'il se familiarise avec ses positions politiques, ainsi qu'ils désignent tous deux ce qu'il est alors obligatoire d'avoir, ce que personne ne peut se permettre le luxe de ne pas avoir, il s'est d'une certaine façon toujours fait l'effet d'un imposteur, la pâle doublure de son ami, un perroquet qui répète dans un langage primaire, regorgeant de formules toutes faites et de phrases d'emprunt, tout ce qui, dans la bouche de l'autre, semble être l'expression même de la vérité – et les images qu'il voit et qui soulignent combien ses convictions politiques viennent de subir un coup mortel, il sent une bouffée d'envie qui lui coupe littéralement le souffle. Lui aussi voudrait pleurer. Il donnerait tout ce qu'il a pour pouvoir pleurer, mais il n'y arrive pas. Là, immobile dans la chambre de son ami, alors qu'il fait rapidement appel aux tragédies, toutes virtuelles, susceptibles de lui fournir la bénédiction, pense-t-il confiant, d'un chagrin instantané, il comprend qu'il ne pleurera pas. Il ignore si ce sont les images qui, pour quelque raison, ne le touchent pas ou pas aussi profondément, pas aussi franchement, que son ami, ou ses deux années de moins, deux années qui, d'une part, lui confèrent un certain prestige – car elles font de lui un exemple de précocité politique conforme à une tradition communiste qui en compte déjà beaucoup, c'est-à-dire l'exemple de quelqu'un qui, à treize ans, lit, comprend et même critique, non sans arguments, certains classiques de la littérature politique du vingtième siècle difficiles même pour les militants les plus expérimentés – mais, de l'autre part, le diminuent, réduisent sa capacité physique ou émotionnelle à vivre l'expérience politique, une capacité qui, chez son ami âgé de quinze ans, est déjà pleinement développée. Ou bien ne serait-ce pas en réalité que la présence et la douleur de son ami, assis devant le téléviseur, le visage presque collé à l'écran, en myope qui se respecte, absorbent à tel point le sens et la force de l'information dégagée par l'appareil qu'il n'y a plus rien pour lui, pas de restes, pas même une miette de la taille de celles qu'il a semées dans la cuisine en engloutissant les deux tranches de gâteau marbré, rien qui puisse l'affecter et traduire en lui ce qu'il comprend – car il comprend tout et bien mieux, sans aucun doute, que son ami, à qui il a exposé le matin même, sans remonter plus loin, à grands traits et avec une impertinente lucidité, les mécanismes de causalité qui conduisent d'une vulgaire grève des camionneurs à la fin brutale, au bout de mille jours, de la première expérience de socialisme démocratique en Amérique latine – dans la langue ultime ou première des sentiments ? [...] Il envie les larmes, évidemment, ce que ces larmes ont d'irrépressible et tout le cirque qui les accompagne : les yeux rouges, le rougissement du visage, les quintes de hoquet qui secouent son ami, la fureur inconsolable avec laquelle il se frotte les mains, la manière dont il se couvre de temps en temps le visage pour étouffer ou peut-être pour stimuler de nouvelles larmes. Mais, plus que tout le reste, il envie la proximité qu'il constate entre son ami et les images qui le font pleurer – une proximité telle qu'on dirait presque qu'il frôle l'écran du bout de son nez, la façade du palais de la Moneda de son front, les colonnes de fumée qui montent des fenêtres de ses lèvres irritées, et telle que lui, qui l'observe debout, son assiette de gâteau marbré à la main, commence à se demander si une larme, une seule des mille larmes que son ami ne cesse de verser – comptant pour ainsi dire son argent sous les yeux des pauvres – ne risquerait pas de l'électrocuter au contact de l'écran du téléviseur.

Il ne peut le supporter. Pourquoi n'est-il pas aussi près, lui ? Qu'est-ce qui le sépare de ce qu'il comprend si bien et même mieux que personne ? Il a le sentiment que le monde n'a jamais été aussi injuste envers lui : lui seul a le droit de pleurer, mais ses yeux sont si secs qu'il pourrait craquer une allumette contre eux. Et c'est précisément de ce droit qu'on le prive, sent-il, lui qui a plus d'atouts et le mérite plus que quiconque, lui qui voit, reconnaît et, une assiette de gâteau marbré dans les mains, doit de surcroît voir chez l'autre, son ami qui pleure toutes les larmes de son corps, le même type de privilège éhonté, telle une médaille remise à la mauvaise personne, qui poussait les paysans du Moyen Âge lorsqu'ils n'en pouvaient plus, soupçonne-t-il, c'est-à-dire tous les trente-six du mois, à se rebeller et à égorger dans un accès de frénésie les familles nobles dont ils avaient jusqu'alors baisé chaque jour les pieds. Le 11 septembre 1973, vingt-quatre heures avant que son ami et lui, qui décident tous deux de s'installer devant le téléviseur en voyant le palais de la Moneda en feu et, comme Allende lui-même, sur l'écran et à la Moneda, de résister, de ne pas abandonner leurs positions avant d'avoir glané des informations suffisantes concernant le sort d'Allende, de ses plus proches collaborateurs et du socialisme à la chilienne en général, n'assistent à la scène inoubliable au cours de laquelle deux rangées de pompiers sortent par la porte du numéro 80 de la rue Morandé, l'une des entrées latérales du palais en flammes, le corps sans vie d'Allende enveloppé dans un *chamanto*, une sorte de poncho chilien, apprennent-ils alors, et que son ami n'éclate de nouveau en sanglots alors qu'il ne verse pas un larme, lui, pas la moindre petite larme, et ne parvient pas même à fermer les yeux, ce jour fatidique, donc, il maudit également un autre jour fatidique, qui remonte à sept ans et où il a décidé de ne plus céder, de ne plus donner satisfaction à son père et de ne plus jamais pleurer.

Encore le club. Il lui est arrivé quelque chose. Pas quelque chose de « réel », « dans le monde réel », mais il a senti dans son estomac un de ces nœuds qui se forment de temps en temps, de façon soudaine et effrayante, libèrent leur encre toxique et entreprennent de tout aspirer, le sang, l'oxygène, les organes et le cœur, surtout le cœur, un écoulement vorace qui engloutirait tout et ne laisserait derrière lui, sur la surface de la terre, qu'une petite protubérance en forme de bouton, de bouton de matelas, sans le miracle qui y met inopinément fin et dont il ne saura jamais vraiment de quoi il s'est agi. […] Il a l'impression que tout aura tendance à s'aggraver s'il se tient tranquille, et que l'endroit où la crise l'a surpris, le café du club qu'il appelle depuis toujours le buffet, comme le font avec une exquise pédanterie les membres les plus anciens, deviendra dense, irrespirable, et qu'il s'y noiera. Il tente une fois de plus de fuir, comme toujours, en direction des vestiaires, et c'est là, tandis qu'il presse le pas sur le long trottoir en damier bordant le court numéro un, que le surprend son père, qui marche en sens contraire, un verre à la main et une serviette sur l'épaule, en compagnie de son partenaire de double. Il baisse aussitôt les yeux, se fait aussi petit que possible et se colle contre le lierre qui recouvre le mur des vestiaires des dames. Ils se croisent. C'est le partenaire de double, pas son père, qui lui caresse la tête affectueusement et distraitement en passant près de lui. Et il continue donc sa route, satisfait, tellement satisfait que son stratagème ait fonctionné, que son père ne l'ait pas vu, que ça ne lui semble pas vrai, et l'horizon qu'il voit s'ouvrir devant lui est si vaste, si pur et plein de promesses, que le trou noir qui s'élargissait dans son estomac et l'avait poussé à fuir perd de sa force puis disparaît. Mais il n'a pas fait deux pas arrogants dans sa nouvelle vie, sa toute nouvelle vie d'homme gracié, qu'il entend la voix de son père l'appeler.

Que faire : s'arrêter ou poursuivre ? Il hésite l'espace d'une seconde – juste assez pour qu'il soit trop tard. Grâce à cet infime moment de doute, son père comprend qu'il l'a entendu, il comprend que, pour une raison ou une autre, il essaie de l'ignorer, et il comprend qu'il se passe quelque chose chez son fils, qui s'apprête à regagner les vestiaires, toujours collé au lierre, et le fuit, de sorte qu'il l'appelle. Et lui, qui a été pris et perçoit, dans le ton étonné sur lequel son père l'interpelle, le trouble de quelqu'un qui a fait pour l'autre ce que l'autre aurait dû faire pour lui, au lieu de s'arrêter et de faire demi-tour, comme son père et son partenaire de double l'espèrent, reprend son chemin et se dirige vers les vestiaires d'un pas normal, comme il le ferait s'il allait se doucher ou chercher dans son casier la boîte de balles qu'il a oubliée. Pourtant, il n'a pas fait trois pas qu'il sent son père derrière lui, il entend sa voix, à présent alarmée, qui l'appelle encore. Il n'y a pas de nouvelle vie, pas d'horizon, pas de grâce. Tout a échoué. Il ne lui reste plus qu'à s'enfuir et, s'il veut le faire, il doit se dépêcher. Il passe à pleine vitesse ou peu s'en faut devant la fenêtre minuscule et presque entièrement dissimulée par le lierre à travers laquelle, en hiver, à cinq heures de l'après-midi, après la tombée de la nuit, il épie régulièrement les femmes qui se douchent, régulièrement déçu tant la vitre est couverte de buée, et il entre dans les vestiaires au pas de course. Derrière lui, tout près, son père fait irruption en haletant et l'appelle à grands cris. Alors il monte les marches, esquive un banc que quelqu'un a laissé au milieu telle une haie, referme d'un coup d'épaule la porte d'un casier resté ouvert et se fige sur place, dans un angle au fond des vestiaires. Il n'y a pas d'issue. Il se tourne, voit son père s'approcher, hors d'haleine et déconcerté. « Qu'est-ce qui se passe ? lui demande-t-il. Pourquoi tu t'enfuis comme ça ? » Il s'assied par terre – son corps tient dans l'espace entre deux bancs qui devraient se toucher – et colle son front contre ses genoux. « Il s'est passé quelque chose ? » lui demande son père, et, en entendant cette voix de plus en plus douce, il met ses mains sur ses yeux. Il garde les doigts bien droits et serrés, comme lorsqu'il va voir des films d'horreur au cinéma. Black-out complet. « S'il te plaît, dis quelque chose, supplie son père. On a toujours parlé, nous deux », ajoute-t-il. Un silence. Il entend au loin le bruit d'une tondeuse à gazon. Puis il sent l'haleine de son père lui réchauffer les genoux. « Tu ne veux rien me dire ? » Il entrouvre à peine les doigts, juste assez pour voir sans être vu, et il aperçoit d'abord un monde très noir, égayé par quelques faibles lueurs, qui s'éclaire et devient plus net : son père est agenouillé et attend, avec des yeux humides de vieux chien. Quand il sent que le nœud se reforme, prêt à s'emparer de lui, il resserre les doigts pour ne plus rien voir. « Allez, parle. Pleure avec moi », entend-il. Et, sans rien voir, il bondit, heurte son père qui tombe à la renverse et s'enfuit à toute vitesse.

Vers quel but et dans quelle direction, c'est ce qu'il se demande, ce sinistre après-midi chez son ami, alors que le palais de la Moneda brûle à trois reprises, la première à Santiago, la deuxième sur l'écran du téléviseur et la troisième dans son cœur, tendre mais sec, de communiste, et il donnerait ce qu'il n'a pas pour pleurer, pour qu'apparaisse au coin de ses yeux une larme, l'une au moins de toutes celles qu'il refuse à son père dans les vestiaires du club et qui, le 11 septembre 1973, inondent les yeux de son ami. Ce qui est certain, c'est que, quarante-huit heures plus tard, il se lève tôt, plus tôt que d'habitude, s'habille, traverse la salle de bains en coup de vent, saute le petit déjeuner, prend un taxi qu'il paie avec l'argent économisé dans le but de s'acheter la nouvelle édition commentée des *Grundrisse* de Marx et se fait déposer un demi-pâté de maisons avant le lycée, près de l'entrée de l'usine Fiat, à l'emplacement miraculeusement vide qui est réservé, assurément en échange d'une belle somme, au pool d'entreprises françaises qui financent également son lycée, et où un bataillon de chauffeurs menaçants garent les Lancia, Volvo et Alfa Romeo transportant les élèves les plus riches, puis il reste posté là, et scrute avec impatience le bout de la rue, et c'est à peine s'il voit s'approcher du bord du trottoir l'automobile dans laquelle se trouve la jeune Chilienne qui est sa petite amie depuis cinq mois – un laps de temps qui ne peut que susciter la stupeur de ses camarades, lesquels, lorsqu'ils ont eu des petites amies, les ont gardées le temps d'une impétueuse fin de semaine, juste assez tout de même pour les déflorer dans la cabane à outils du jardin puis les abandonner, ou pour comprendre qu'ils n'auraient sans doute pas le privilège de les déflorer, et aussi chez les anciennes petites amies de ses camarades, qui ne cessent de se demander comment elle fait, comment elle arrive à le tenir en laisse –, et il bondit alors sur la chaussée, ouvre la portière avant que le véhicule n'ait pu s'immobiliser complètement, moins diligent qu'expéditif, comme s'il craignait que le chauffeur puisse, pour quelque curieuse raison, changer d'avis au dernier moment, lui qui ne fait qu'obéir aux ordres, et reconduire sa blonde passagère qui pique du nez sur la banquette arrière jusqu'au luxueux appartement où il est passé la prendre et au balcon duquel flottent de nouveau les mêmes couleurs chiliennes qui pendent au rétroviseur de la voiture ; et à peine sa petite amie a-t-elle posé sur le sol une des adorables bottines en chamois qu'il l'a encouragée à acheter et le regarde-t-elle, pour l'heure encore somnolente mais heureuse, en le remerciant pour la galanterie de son accueil, par un de ses sourires de poupée potelée, il lui dit que c'est terminé, qu'il ne l'aime plus, tout est fini entre eux et ils ne s'adresseront plus jamais la parole.

Pendant une semaine, tandis que les militaires putschistes nettoient les rues du Chili de toute velléité contestatrice, convertissent les stades en lieux de détention et coupent les mains des chanteurs populaires en guise de punition, il ne cesse de voir son ancienne petite amie en train de pleurer. Il ne fait rien pour cela. Mais il n'y a pas d'autre issue : si les cinq mois de leur relation ont été le grand événement sentimental de sa première année de lycée – cinq mois chastes, du reste, comme on peut s'y attendre de la part d'une jeune Chilienne catholique et de droite, et d'un fils de divorcés, pionniers dubitatifs en la matière, un Argentin tremblant et patient pour qui le désir commence à ressembler non plus à un élan mais au stade ultime d'un processus de saturation qui pourrait, si ça ne dépendait que de lui, durer des mois, des années, des siècles –, la rupture et surtout la brutalité avec laquelle il a choisi de la consommer, quand rien dans leur relation ni dans son comportement jusqu'alors impeccable ne l'avait annoncée, ne peuvent que faire l'effet d'une bombe et occuper le devant de la scène. Il la voit pleurer durant la récréation, accroupie sous l'escalier et entourée par un cordon d'amies qui soulignent par un rosaire de gestes ampoulés sa condition de femme humiliée ; dans la salle de sciences naturelles, laissant couler ses larmes dans la poche ventrale du crapaud qu'un camarade charitable a bien voulu éviscérer à sa place ; au réfectoire, devant son gratin de pommes de terre qui refroidit ; en plein cours de sport où, aveuglée par un accès de pleurs qui la surprend pendant qu'elle prend son élan, elle renverse la barre qu'elle aurait dû sauter ; à la sortie du lycée, tête basse, alors qu'elle se dirige vers la voiture en traînant au sol le cuir hors de prix d'un cartable aussi vide que son cœur. Il la voit même pleurer quand il ne la voit pas, à chaque fois qu'elle manque les cours sans prévenir et que quelqu'un, l'un ou l'une de ceux qui, auparavant, transperçaient secrètement d'aiguilles la photo de cette idylle à la longévité intolérable, lui apprend qu'il paraît qu'elle ne mange plus, ne dort plus, qu'à force de renifler et de se moucher les ailes de son nez sont rouges et aussi râpeuses qu'une langue de chat, et que ses parents, pensant faire d'une pierre deux coups, envisagent de rentrer à Santiago, où aucune fumée ne s'élève plus du palais de la Moneda et où une hyène en uniforme portant moustache et verres fumés fait fusiller des gens, assise dans le fauteuil même dont a été éjecté Allende.

Puis, d'un coup, il n'a plus de nouvelles pendant quelque temps. « Plus de nouvelles » signifie qu'elle est de retour au lycée, qu'il la voit, qu'ils se croisent régulièrement dans la cour, au réfectoire, en salle de sciences naturelles ou sur le terrain de sport, mais qu'elle ne montre plus aucun signe du calvaire qui, deux ou trois jours plus tôt, selon les informations que des messagers peut-être pas tout à fait fiables rapportaient au lycée du luxueux appartement où flotte le drapeau chilien, la plongeait dans une sorte de coma amoureux et nécessitait qu'on la rapatrie vers Santiago, intubée, dans un charter rempli de fascistes avides de revanche. [...] Un après-midi, il fait la queue devant le kiosque et, alors qu'il cherche parmi le mélange de trombones, de boutons, de capuchons de stylos et de tickets de métro qu'il a dans le creux de la main la traîtresse pièce de monnaie qui lui a promis une pâtisserie et à présent la lui refuse, cachée dans le double fond d'une poche décousue, il sent que quelqu'un le bouscule par-derrière – un choc caractéristique, signe d'une petite faim vespérale –, se tourne sous le coup de la colère, prêt à tout, et découvre son visage blanc, parfait, tout juste coloré de rose, comme rajeuni par une pluie bienfaisante, et ses yeux clairs et souriants qui l'observent de haut, de ces huit centimètres supplémentaires qu'il a toujours acceptés comme le juste prix à payer en contrepartie de ses deux années de plus que lui. Elle indique la foule qui s'agite dans la queue, s'excuse, aussi irrésistible que le jour où il l'a vue pour la première fois, « belle comme un matin ensoleillé après une nuit de tempête », se dit-il, puis le salue avec une magnanimité de déesse ou de morte, et il fait alors tomber ses pièces, toutes ses pièces, y compris celle qui lui échappait, qu'il vient de retrouver et qui tinte à présent sur le sol, roule et disparaît sous les cinq cents kilos de tôle du kiosque. « Plus de nouvelles » signifie que, pendant quelque temps, tout continue de cette façon, suivant cet étrange équilibre entre deux mondes parallèles inversés – elle, remise et digne, fière de sa résurrection mais incapable de s'y vautrer, et lui perplexe, s'enfonçant de plus en plus profondément dans le bourbier de son triomphe –, un équilibre qui ne semble perturber que lui, car à chaque fois qu'il le soumet à la sagacité d'un tiers, la seule réponse qu'il obtient ce sont des haussements d'épaules, des approbations obligées, des moues indifférentes et ainsi de suite, jusqu'à ce que l'un de ses meilleurs amis, petit voyou dont le prestige augmente avec le nombre d'avertissements qu'il récolte et le nombre d'examens qu'il doit repasser, le coince par un matin pluvieux durant la pause de dix heures vingt-cinq, des cernes d'héroïnomane en manque sous les yeux et les doigts tachés de nicotine, et lui raconte, lui vomit pratiquement dessus, qu'il sort avec elle depuis deux semaines et que depuis sa vie est suspendue vingt-quatre heures sur vingt-quatre aux gestes, aux plaisanteries et même aux regards qu'elle consent à lui adresser sporadiquement, froide comme un iceberg, quand il n'en peut plus et parvient à les détourner des mille lueurs qui les attirent, c'est-à-dire en premier lieu de la population masculine de la planète dans son ensemble, un cauchemar sans nom, puis le supplie, par pitié, en saisissant les revers râpés de son blazer et en soufflant cette mauvaise haleine typique de ceux qui sont tellement absorbés par leur souffrance qu'ils en oublient de manger, par pitié, qu'il lui dise comment, comment diable il a fait, lui qui est resté avec elle cinq mois, une éternité, comment il a pu ne pas souffrir et comment il a réussi à la quitter, par pitié. De sorte qu'à présent ce n'est plus elle qui pleure, mais son ami, qui n'a pas la moindre expérience en la matière et qu'il voit désormais, lui, chaque jour dans la cour, dans les couloirs, au réfectoire, non pas marcher mais traîner les pieds, courbé comme un point d'interrogation, le visage enfoui dans un mouchoir qu'au bout de deux semaines il ne prend même plus la peine de mettre dans sa poche puis de l'en sortir, qu'il ne renouvelle plus et qui, à force de s'en servir pour se sécher les yeux, se moucher ou simplement dissimuler son air pathétique aux railleries des autres, ressemble à un prolongement visqueux de son corps.

C'est le deuxième grand événement politique de sa vie. Maintenant ce n'est plus lui qui pleure : c'est lui qui fait pleurer. D'abord sa petite amie chilienne qui, grâce à cette étrange intercession des larmes, passe du statut de sainte nitouche à celui de vamp, de véritable femme fatale ; et ensuite, car bien qu'indirect le rapport de causalité saute aux yeux, un de ses meilleurs amis, le seul qui n'a jusqu'alors jamais souffert par amour et qui, deux ou trois semaines plus tard, le poursuit partout tel un fantôme, devenu l'ombre du malfrat potentiel qu'il se vante d'être depuis qu'il le connaît, afin de l'interroger pour savoir non plus comment il a fait pour ne pas souffrir à cause de la Chilienne, non plus comment il l'a quittée, mais pourquoi, pourquoi il l'a condamné en la quittant à cette sorte d'insolation de douleur qui semble n'avoir ni remède ni fin et le rend fou ; et, bien des années après, quand l'épisode

Allende a trouvé sa place dans la niche exiguë mais influente assignée aux tragédies historiques dont il se rappelle toujours précisément tout, en particulier les dates, les noms, une litanie de faits et de chiffres, toutes choses qu'il oublie systématiquement lorsqu'il s'agit de tragédies intimes, et que l'incident de la petite amie chilienne, éclipsé par l'ampleur de la tragédie historique, s'est évaporé comme par magie, quand pleurer ne semble plus être un problème en soi, il fait même pleurer une femme qu'il rencontre un été dans une ville étrangère et dans l'appartement de qui il va s'installer dès que se terminent les quelques jours d'hôtel payés par ses amphitryons, une femme dont il tombe amoureux presque sans s'en rendre compte, comme dans un rêve, aussi rapidement et irrémédiablement qu'il mesure combien tout est et demeurera impossible entre eux. Ils sont allongés sur le lit, nus, en pleine journée. Épuisé par la chaleur qui l'étouffe d'autant plus que, jusqu'ici, les rares fois où il a séjourné dans cette ville, c'était en hiver, il lui demande s'il y a quelque chose à boire. Elle libère une jambe d'entre les draps, pose un pied au sol et, lorsqu'elle prend appui pour se redresser et que la tension révèle le muscle de son mollet telle une longue parenthèse, lui, depuis le bord du lit, les coudes enfoncés dans le matelas et le menton posé sur ses poings tel un piédestal, l'admire comme du haut d'un mirador et se laisse de nouveau émouvoir par la façon dont cette jambe, passé le coude que forme le genou, s'amincit de plus en plus et semble protester en vain contre le poids qu'on l'oblige à supporter, qu'elle associe, lui a-t-elle dit, à une tendance au rachitisme, à la « patte de canard », ce sont ses propres mots, chez les femmes de sa famille, et qu'il associe à l'énorme chignon prodigieusement anachronique dont les contours dépassent de chaque coté de sa tête sur la photo d'elle enfant qu'elle finit par lui offrir et qu'il perd plus tard au cours d'un déménagement, et soudain il fixe une zone qui brille, une clairière où la surface de la peau est exagérément lisse, sans pores, poils, ni aspérités, semblable à un morceau de papier, plus foncée ou plus luisante que la peau selon que la lumière l'éclaire ou l'ignore, et il tend la main, la frôle silencieusement du bout des doigts, puis elle balbutie quelque chose, sans avoir eu l'intention de parler, et éclate en sanglots. *Allez, raconte, dis-moi*. Est-ce la façon dont ses doigts l'effleurent, les mêmes qui, pendant des années, polissent les carreaux des piscines du club Embrujo, du Pretty Polly, du Sunset ? Est-ce la cicatrice, qui conserve intacte, sur quatre centimètres carrés de membrane morte, la douleur qu'elle croit s'être habituée à oublier ? Est-ce elle, l'ancienne « erpienne »

– c'est le nom, n'a-t-elle pas tardé à lui raconter en riant, que leurs geôliers donnaient aux membres de l'E.R.P., l'Armée révolutionnaire du peuple –, qui non seulement a survécu au pire mais fait par ailleurs de son corps un usage qu'envieraient les femmes les plus insouciantes et en meilleure santé de la terre, et demeure cependant esclave de cette cicatrice, tourmentée par un morceau de peau aveugle qui devrait l'isoler du monde mais, au contact d'un autre corps, ne fait que l'écorcher vive et la briser en deux ? Il la fait pleurer, il fait pleurer l'erpienne, comme ils finissent tous tôt ou tard par se désigner, elle et ceux qui sont enfermés avec elle dans la prison de Córdoba d'où quelques-uns, elle par exemple, auront la chance ou les moyens de sortir et dans laquelle ils vieilliront pour la plupart, et il effleure la cicatrice, il la fait pleurer, et cette communion des larmes le plonge dans une telle transe que peu importe, durant les cinq jours où il vit, mange, boit, danse, fait des photos dans les photomatons du métro et dort avec elle, qu'il ne puisse la pénétrer, ne puisse jamais éjaculer en elle, ne puisse ni jouir ni l'écouter jouir. « Ce n'est pas à moi d'entrer, se dit-il, mon rôle, c'est d'être proche. » Puis : « Ne faire qu'un avec la douleur, se dit-il, c'est devenir indestructible. »

[…] Un soir, sa mère doit sortir, la femme de ménage qui travaille quelques heures par semaine chez eux ne peut pas venir, il est impossible de compter sur le concierge – il déteste sa mère, il déteste ses grands airs, il déteste ses manières et la façon dont elle semble contempler depuis d'inaccessibles hauteurs un quartier où elle ne condescendrait pas à mettre les pieds si ce n'était une nécessité – et ses grands-parents dilapident en échanges silencieusement hostiles une précieuse semaine de vacances à l'hôtel Sierra de Alta Gracia, à Córdoba, à moins de deux heures de trajet, et vingt ans après que l'erpienne fut devenue erpienne et que le sous-officier de police qui avait obtenu par hasard l'information à l'origine de la rafle dans laquelle elle avait été prise eut célébré une promotion inespérée en laissant sur sa jambe une marque indélébile. Sans guère d'espoir, car il est trois heures de l'après-midi et elle a du mal à imaginer un militaire chez lui à trois heures de l'après-midi en pleine semaine, sa mère sonne à la porte du voisin et patiente. De son côté, il l'a suivie en tricycle sur le palier et attend, en alerte, le pied droit sur la pédale en position haute et les deux mains sur le guidon, prêt à fuir ou à charger contre tout ce qui entraverait sa fuite. Sa mère s'apprête à renoncer, lorsqu'elle entend une clé tourner dans la serrure et que la porte s'entrouvre à peine, autant que la chaîne le permet. Est-ce lui, est-ce le voisin ? De sa position, près de la porte de chez lui, il ne parvient pas à le voir mais sent le nuage de parfum glacé qui lui arrive à travers la porte entrebâillée, envahit l'air du palier et pétille déjà dans sa bouche, ce qu'il prend pour une preuve indiscutable, bien plus tangible que son visage ou sa voix. Pressée d'expliquer la situation, sa mère s'empêtre dans des phrases pleines d'anxiété qui atteignent des sommets prématurés, toujours à mi-parcours, puis retombent. Demander encore une fois ? Une dette supplémentaire ? Comment pense-t-elle s'en acquitter ? Il pose les pieds par terre, s'immobilise, soulève à peine le tricycle et, tout en le tenant à dix centimètres du sol, avance d'un mètre cinquante, d'un pas décidé. « Un petit moment, pas plus », dit sa mère en écartant les bras en signe d'impuissance, puis elle se tourne et lui lance un regard inquisiteur et insistant, comme si elle s'attendait à ce qu'il fasse la tête, tousse comme un phtisique ou fasse montre d'une adresse irrésistible, une attitude qui puisse, dans tous les cas, apparaître plus touchante aux yeux du voisin que la moustache de cacao, les croûtes rougeâtres que les chutes laissent généralement sur ses genoux, la montre sur laquelle il a du mal à lire l'heure et qui flotte à son poignet droit, ou encore les chaussures orthopédiques.

Il ne saurait dire comment, car sa mère continue à s'agiter sous l'effet de l'embarras et de la hâte, tandis que le voisin, s'il est bien là, s'il n'a pas installé dans son appartement, se demande-t-il, lui, dans un éclair de perspicacité hallucinée, quelque machine à fabriquer cet immonde parfum à la menthe, au cèdre ou au bois de santal, qui le remplace et se met en marche toute seule lorsqu'un étranger sonne à sa porte, le voisin, donc, ne dit pas un mot et ne daigne pas se montrer durant les cinq ou six minutes que dure la négociation, mais ils parviennent à un accord et, au bout de quelques instants, à trois heures dix de l'après-midi, dès que sa mère a fini de s'habiller et de se maquiller comme pour une soirée de gala, et qu'enfermé dans sa chambre, il a, lui, rassemblé dans le sac Pan Am que lui a récemment offert son père pour se faire pardonner un quelconque retard une provision de bandes dessinées, de petites voitures, de blocs à dessin, de crayons, de petits soldats et de biscuits suffisante pour tenir un été entier sur une île déserte, ils ressortent sur le palier, sa mère ferme la porte à clé, appelle l'ascenseur et, pendant qu'elle l'attend, lui donne une petite tape sur l'épaule, un geste qui sert pour moitié à l'encourager et pour moitié à le consoler, c'est ainsi qu'il l'interprète, si toutefois on peut employer ce verbe pour désigner ce qu'il fait des signaux émis par le monde, et, avec l'élan que lui donne cette impulsion de départ, car à aucun moment en cours de route il ne pédale, il arrive sur son tricycle jusqu'à l'appartement voisin, son sac Pan Am pendant au guidon, et cogne doucement de sa roue avant contre la porte. [...] Les mains sur le guidon, il attend, en regardant fixement la fente circonflexe de la serrure. Au bout de quelques secondes il pousse sur ses pieds et heurte de nouveau la porte avec la roue du tricycle. Au moment où la lumière du palier s'éteint dans un déclic et le livre à l'obscurité la plus complète, il se tourne et réalise qu'il est seul, que si sa mère existe et vit quelque part, c'est dans ce lieu sans pitié, à la fois proche et inaccessible, où il ne peut la voir mais dont lui parvient tout de même l'écho fidèle et comme amplifié de tout ce qu'elle fait, tout ce qui l'éloigne un peu plus de lui : fermer les deux grilles de l'ascenseur, traverser rapidement le hall de l'immeuble, ouvrir la porte d'entrée et, les yeux fixés sur la rue pour arrêter le premier taxi qui passe, la laisser se refermer bruyamment. Il est si étonné lorsqu'il comprend qu'il est seul dans le noir et si troublé de ne pas avoir enregistré sur le moment les signes successifs de la disparition de sa mère que soudain, tandis qu'il regarde en direction de l'ascenseur, à présent plongé dans les ténèbres du couloir, il lui semble la voir de nouveau, à la fois dans le passé immédiat et dans le présent, se découper sur le fond lumineux de l'ascenseur qui vient de s'immobiliser et en train de le saluer du revers de la main, un geste qui balaie quelque chose d'invisible dans l'air. Il voit ce qu'il n'a pas vu, ce qui s'est passé derrière lui, ce qui ne s'est peut-être jamais passé, et lance une nouvelle fois la roue du tricycle contre la porte du voisin.

Ce qu'il se rappelle de cette première fois, c'est combien ils parlent peu. Car le voisin finit par ouvrir sa porte et il entre, lui, sur son tricycle, désormais en pédalant, puis s'arrête un centimètre avant que la roue ne morde le bord d'un tapis effiloché, au milieu du petit salon presque aussi sombre que le palier et rempli de vieux meubles qui somnolent comme des gens endormis dans une salle d'attente. Les persiennes sont baissées et les rideaux tirés ; dans un coin de la pièce, en face d'un fauteuil sur l'un des bras duquel il croit distinguer une sorte de cendrier noir en forme de L, un téléviseur émet une lueur muette et intermittente. Il reste immobile et observe les formes qui bougent dans le cube de lumière grisâtre – des gens qui poussent un véhicule contenant un cercueil, au milieu d'une foule immense qui marche très lentement et pleure –, jusqu'à ce qu'il sente le voisin passer derrière lui – son sillage parfumé gifle doucement son dos –, suivre un couloir latéral et pousser une porte qui grince. Il tourne la tête. Par la porte restée entrouverte, il le voit debout, de profil, baisser son pantalon puis s'asseoir sur le siège des toilettes et pisser longuement, les coudes appuyés sur les cuisses et le visage enfoui dans ses mains, comme s'il pleurait. Mais même s'il pleurait et pleurait de cette manière, assis, sans bouger et sans s'interrompre pendant des jours et des jours, jamais il ne pleurerait autant que la foule qui accompagne l'automobile et le cercueil, ce dernier poussé sous la pluie par une demi-douzaine d'hommes sur l'écran de la télévision. Il descend du tricycle et, en même temps qu'il note un air de famille entre le mouvement qu'il vient de faire et celui que font les cow-boys qui mettent pied à terre, a-t-il pu constater, un mouvement qu'à partir de maintenant il refera en toute conscience, profitant de la moindre occasion pour le répéter et atteindre à la perfection, jusqu'au moment où quelqu'un, sans doute un adulte, lui conseille un jour en le voyant descendre du tricycle, avec les meilleures intentions du monde et probablement pour s'attirer sa sympathie, de l'attacher à un piquet s'il ne veut pas qu'il s'enfuie, et il décide alors que les choses doivent revenir à leur place, le tricycle avec les tricycles, les chevaux avec les chevaux, une place qu'elles n'auraient jamais dû quitter, et qu'on n'en parle plus, puis il traverse le tapis en direction du téléviseur en faisant grincer le parquet afin de monter le son. Mais le voisin, de retour, lui dit de ne pas toucher la télé, et, après avoir enjambé le tricycle qu'il a croisé au milieu du salon, se laisse tomber dans le fauteuil. C'est tout ce qu'il dit en, combien de temps ? Une heure et demie ? Deux, trois heures ? Un laps de temps qui, dans tous les cas, excède amplement ce que suggérait le « petit moment » promis par sa mère. Mais ça suffit pour qu'il remarque à quel point le timbre de voix du voisin, auquel il n'avait jamais prêté attention jusqu'alors, car il était peut-être étouffé par l'air d'autorité que dégagent des signes plus spectaculaires, tels que l'uniforme et plus encore la chemise vert olive, laquelle, à présent qu'il y pense, est la seule partie de l'uniforme qu'il lui voit porter, toujours ouverte sur un maillot blanc, la moustache ou le crâne rasé, ce timbre est trop aigu pour l'ordre qu'il vient de donner, et dès qu'il le voit s'enfoncer dans le fauteuil et abandonner son corps soudain rétréci à cette cavité plus grande encore dans la pénombre, il se dit qu'il y a peut-être un lien entre ce qui le surprend dans cette voix et l'agilité d'invertébré avec laquelle le voisin vient de s'asseoir. Quelque chose – mais quoi ? Ce n'est pourtant pas cette tendance au laconisme frisant souvent l'introversion, voire l'hostilité, qui attire son attention à chaque fois qu'il doit passer un « petit moment » chez le voisin militaire, en général l'après-midi, les heures les plus propices, semble-t-il, aux urgences mondaines de sa mère, lesquelles ne tardent pas à la solliciter de plus en plus fréquemment et d'où il la voit revenir décomposée, plongée dans un lourd silence, son rimmel coulant légèrement, sans même assez de forces pour peler la pomme qu'elle emporte au lit avec elle, le seul aliment qu'elle avalera ce soir-là. Il n'a jamais associé les uniformes au goût du langage. [...] Mais à chaque fois que la porte du voisin s'ouvre et qu'il entre sur son tricycle tel un bélier, le port assez solennel, comme s'il accédait à l'intérieur d'une forteresse contemplée de l'extérieur pendant des années, il est stupéfait de trouver le corps du voisin plus petit que dans son souvenir, plus menu et surtout plus vif, plus malléable, et il s'étonne aussi que tout ce qui se passe durant ces « petits moments », c'est-à-dire bien peu de choses, le voisin continuant essentiellement à faire ce qu'il faisait lorsqu'il a été surpris par l'impact sourd du pneu en caoutchouc du tricycle contre sa porte – fumer, regarder la télévision, parler au téléphone, repasser son uniforme, écrire à sa famille, étudier des cartes, nettoyer son arme de service, qu'il a, lui, prise la première fois pour un cendrier, dormir dans son fauteuil, tandis qu'il se contente de l'observer en silence, à une certaine distance, comme s'il devait apprendre quelque chose –, soit empreint de la même forme d'étrangeté que l'espace où ces faits insignifiants se produisent. Car l'appartement du voisin a la même taille et la même disposition que celui où il vit, mais, s'il ne laisse pas de le déconcerter, c'est parce que ce qu'il y découvre est à l'envers, disposé en sens inverse, de sorte que ce qui, là-bas, est à gauche, se trouve ici à droite, ce qui, là-bas, est pleine lumière, est ici pénombre, ce qui est parquet est carrelage, et inversement, et à chaque fois qu'il baisse la garde, tenant pour acquis que les deux appartements sont identiques, et prétend se déplacer à l'aveuglette, en se laissant guider par la connaissance qu'il a de son propre espace, l'appartement du voisin le piège impitoyablement et le met nez à nez avec une porte là où il s'attendait à ne rien trouver, ou simplement avec l'air, le vertige de l'air, là où il tâtonnait à la recherche d'une poignée.

La pénombre. Tout bien réfléchi, il y a aussi la pénombre – qui commence par souligner à grands traits le contour des choses puis, à mesure que l'après-midi avance, se met à les effacer, à les noyer dans la confusion qui finit tôt ou tard par tout recouvrir. Plus d'une fois, intrigué par le visage, la maison ou le paysage qu'il aperçoit au loin, encadré et suspendu à un mur, il attend que le voisin reprenne ce qu'il faisait et, dès qu'il le voit très absorbé, tellement plongé en lui-même qu'il pourrait jurer qu'il n'est pas là, devant lui, et que le corps qu'il distingue, léger et flexible, et qu'il peut deviner en fermant les yeux, s'il le souhaite, simplement en respirant le halo de parfum boisé qui l'enveloppe, est une illusion, une copie destinée à tromper et à masquer les véritables activités que celui-ci exerce sans nul doute dans une autre dimension, loin de tout regard importun, il descend de son tricycle et se dirige vers le mur pour examiner de près la photo ou le tableau mais, une fois devant, la lumière a tellement changé que l'image est devenue indiscernable, quoi qu'elle représente. Qu'il voie juste ou qu'il veuille seulement se consoler, il finit par en déduire que rien de ce qu'il observe dans l'appartement – si observer est le mot approprié pour désigner l'action produisant ces images qui, au fil du temps, à mesure que les visites se multiplient, semblent surgir davantage de l'habitude ou de la fantaisie que du contact entre ses sens et le monde –, ni les vieux fauteuils défoncés, ni les meubles anciens de la salle à manger et leur progéniture de chaises légitimes et illégitimes, ni le paravent qui prend la poussière, plié derrière le téléviseur, ni les rideaux toujours tirés, ni le lustre à pendeloques en cristal de travers, ni les portraits dressés sur le bahut, rien et surtout pas les objets qui paraissent plus personnels au premier coup d'œil n'appartient au fond au voisin, rien n'a été choisi par lui, rien n'a été acheté, conservé ou hérité, ou encore fabriqué par l'homme qui se laisse tomber au fond de son fauteuil, croise les jambes presque sans les écarter, en frottant ses cuisses l'une contre l'autre, et ne semble entrouvrir les yeux que lorsqu'il fume et que la braise de la cigarette éclaire son visage. Et pourtant cet inconnu dont il ne connaît pas même le nom et qui, tel un intrus dans sa propre maison, limite ses mouvements à une partie de l'appartement, la cuisine, la salle de bains, le salon, et à certains objets, téléphone, planche à repasser, thermos, carte, arme de service, les seuls qui lui soient autorisés, manifestement, au point que non seulement il n'utilise pas les autres, ceux qui demeurent hors de son rayon d'action, mais qu'il évite même de les toucher, tel un soldat qui traverse un champ semé de mines –, c'est cet inconnu qui accepte de lui donner asile, qui l'accueille et lui permet de laisser des traces dans un lieu que lui-même ne toucherait presque qu'avec des gants, et qui, à chaque visite, dès qu'il lui ouvre la porte, après qu'il a parcouru un mètre cinquante en tricycle, s'est immobilisé et a posé ses mains sur le guidon, la paume vers le haut, en attente, effleure le bout de ses doigts comme s'il mesurait l'épaisseur de sa peau, le degré d'érosion que les samedis au Pretty Polly ou au New Olivos lui infligent, la distance qui sépare dans son corps l'extérieur de l'intérieur, le seuil de la douleur.

C'est là tout ce qui est indiscutablement vrai et a effectivement eu lieu, tout ce qu'il a à déclarer, si un jour, sans crier gare, il songe à clouer au pilori le voisin militaire et, prétextant l'extravagance que constituent ces, combien ? cinquante, cent, deux cents heures d'intimité passées auprès d'un parfait étranger ?, lance du jour au lendemain contre lui des accusations d'attouchements. Ceci – quoi d'autre ? La soupe que le voisin prend dans un bol qu'il tient à deux mains, en tremblant presque, comme s'il répétait une scène en extérieur, et qu'il approche de sa bouche, la frôlant avec le bord en faïence dans sa hâte de partager ? Le jour où le voisin décide de recoudre la doublure de sa veste d'uniforme et se sert de lui comme assistant, passe le mètre-ruban autour de son cou et lui apprend à garder les aiguilles entre ses lèvres ? L'après-midi où le voisin se douche, la porte de la salle de bains ouverte et, d'une voix dont la douceur l'ensorcelle une nouvelle fois, chante, dissimulé par un épais rideau de vapeur, *Ora che sei già una donna* de

Bobby Solo ? Ou quand il lui demande de ramasser dans le bidet et de jeter les rognures d'ongles en forme de demi-lune qu'il vient de couper à l'aide une paire de ciseaux miniature semblables à ceux que sa mère utilise pour les lui couper à lui et le faire pleurer, dans les trous desquels son grand-père a plus d'une fois tenté, toujours en vain, de glisser ses doigts énormes, moins pour coopérer que pour s'épargner les lamentations de sa fille, qui se plaint de tout le travail que représente un enfant à élever seule ? Ou le rêve – le rêve que le voisin fait en sa présence un après-midi, en direct, enfoncé dans son fauteuil, et qu'il se met à lui raconter en entrouvrant les paupières mais sans se réveiller, car qui pourrait dire qu'il ne dort pas, en entendant la voix avec laquelle il parle, une voix qui pourrait venir de n'importe où sauf du monde éveillé ?

« Ça se passait dans le futur. On était quatre, trois camarades et moi, qui portais une perruque blonde, tous en uniforme. Grades, casquettes, pantalons, chaussettes, on avait tout acheté chez un tailleur militaire. On allait enlever un célèbre tueur de l'armée pour le juger. Le plan, c'était d'aller chez lui, de lui offrir notre protection et de l'emmener avec nous, ou de le tuer sur place s'il résistait. On montait, il vivait au huitième étage, sa femme nous ouvrait et nous offrait du café pendant qu'on attendait que le type ait fini sa toilette. Puis il faisait son apparition, il buvait son café avec nous et on lui faisait notre offre de protection. Au bout d'un moment, on arrêtait, finie la comédie, et on lui disait : "Mon général, vous venez avec nous." On sortait, puis on prenait une voiture et on abandonnait le véhicule avant de monter dans une camionnette où nous attendaient deux camarades déguisés, l'un en curé et l'autre en policier, et plus tard on changeait encore, on prenait une autre camionnette couverte d'une bâche, on sortait de la ville et on arrivait à une ferme où on le jugeait. Un camarade prenait des photos, mais quand il voulait sortir la pellicule de l'appareil, elle se cassait et il fallait la jeter. On lui lisait les chefs d'accusation et le type ne répondait quasiment rien. Il ne savait pas quoi dire. À un moment, il demandait du papier et un crayon, et il écrivait quelque chose. On l'attachait au lit. Au petit matin on lui communiquait la sentence. Il nous demandait de lacer ses chaussures, il voulait aussi se raser et pouvoir se confesser. Il voulait savoir comment on pensait se débarrasser de son corps et ce que deviendrait sa famille. On le faisait descendre à la cave, on lui mettait un mouchoir sur la bouche, on le collait contre le mur et on lui tirait dans la poitrine. Puis on lui donnait le coup de grâce et on recouvrait son corps. Deux d'entre nous creusaient le trou où l'enterrer, mais personne n'osait découvrir le cadavre. »

Mais qui, qui pourrait-il dénoncer puisqu'il ne saurait pas même dire son nom ? Qui, si les seules certitudes qu'il pense avoir, les rares éléments qu'il puisse tenir pour sûrs, ont justement des pieds d'argile, par exemple l'appartement de la rue Ortega y Gasset dans lequel vit le voisin militaire, loué sous ce qui se révèle être un faux nom et d'où il disparaît un beau jour comme par enchantement, n'emportant que ce qu'il avait en arrivant et laissant des mois de loyer impayés, ou sa condition de militaire, qu'il a, lui, mise en discussion dès le début, dès le moment où ils ont pris l'ascenseur ensemble et où il a détecté le défaut de son uniforme, ou vu cette moustache qui, l'après-midi du rêve, alors qu'il dort et rêve en sa présence, se détache et glisse sur sa peau douce pour s'échouer sur les lèvres, frauduleuse rature qui tremble comme une plume à chaque ronflement. Non, il ne le dénonce pas et, même s'il en a l'idée, scandaleuse tant elle est incongrue, et cependant étrangement fascinante, il ne peut pas : il est trop tard. Avec le temps, ses séjours chez le voisin militaire se perdent irrémédiablement dans le nuage noir, de plus en plus grand et sans frontières intérieures, qui tend dans sa mémoire à se confondre avec son enfance, toute son enfance, y compris et en premier lieu avec tout ce qu'il se promet fermement, au moment même où il en fait l'expérience, de se rappeler à jamais, l'appartement de la rue Ortega y Gasset, le nom du concierge, les paupières de sa mère qui se reposent sous des disques de coton couverts de crème, le poulpe dont les tentacules cherchent des proies sur le fond de la piscine d'Embrujo, la montre de gousset que son père porte mais qu'il se garde bien de consulter en public, le costume de Superman qui lui va mal, les éclats de verre dans la paume de ses mains [...], et la silhouette du voisin militaire tremble, perd de sa consistance et finit par devenir, les très rares fois où elle lui apparaît, par exemple sous les traits d'un de ces solitaires de province en uniforme qui, tout juste arrivés dans la capitale, sans famille et presque sans amis, abrutis par la monstruosité d'une ville trop grande pour eux, attendent sur le banc d'une place les petites amies qui les ont abandonnés tout en fantasmant sur la rédemption que leur promet la carrière militaire, l'objet d'une vague miséricorde.

À quatorze ans il donne déjà libre cours à une rapacité marxiste qui dévore tout sur son passage : Fanon, Michael Löwy, Marta Harnecker, Armand Mattelart, le couple Dorfman-Jofré, qui lui enseigne à quel point Superman, l'homme d'acier qu'il a toujours idolâtré et idolâtre encore, dans cette sorte de seconde vie légèrement déphasée qui court parallèlement à celle dans laquelle il s'use les yeux pour se former à la pensée révolutionnaire latino-américaine, est en réalité incompatible avec cette vie, en est l'un des principaux ennemis, un ennemi déguisé et donc mille fois plus dangereux que ceux qui laissent leur uniforme les trahir comme tels – tels ces tortionnaires, sans chercher plus loin, qui, à Santiago, mettent le feu au palais de la Moneda, passé de siège du gouvernement à tombe du socialisme à la chilienne, car la catastrophe a eu lieu il y a seulement un an, elle est encore toute fraîche. À quatorze ans il est aussi incapable de sauter le pas et de se lancer dans le militantisme politique que d'écarter les yeux de tout ce qui la célèbre autour de lui, images, textes, journaux, livres, témoignages directs, récits romancés, versions vibrantes et pleines de sang, de poussière et de courage de tout ce qui se déploie avec une austérité de pape dans les pages de Theotonio Dos Santos, d'André Gunder Frank ou d'Ernest Mandel ; et rien ne l'impatiente davantage, rien ne le met autant sur des charbons ardents que d'attendre tous les premiers mardis du mois le nouveau numéro de sa revue préférée, *La Cause péroniste*, organe officiel de la guérilla *montonera*, et le moment de courir jusqu'au kiosque le plus proche afin d'en rapporter l'exemplaire que le kiosquier a promis de lui réserver. Il n'a pas de petite amie, la Chilienne qui se venge par la suite en martyrisant jusqu'aux larmes un de ses meilleurs amis n'a pas été remplacée, mais s'il en avait une, l'imminence d'un rendez-vous amoureux ne l'agiterait pas autant que la prochaine parution de *La Cause péroniste*, avec sa maquette erratique, sa modeste bichromie, sa mise en page de tract, ses interlignes irréguliers, par ailleurs seules velléités esthétiques que semble tolérer le volontarisme de ses comptes rendus, de ses bilans de conjoncture, de ses chroniques des luttes populaires, de ses communiqués, de ses récits de triomphes syndicaux, occupations d'usines et autres coups d'éclat, de ses photos de héros, martyrs et bourreaux. Chaque premier mardi du mois, il se réveille de bon matin pour aller au lycée et déjà ses dents et sa mâchoire lui font mal, suppliciées par l'impatience de ceux qui ont dormi en les serrant toute la nuit. Il s'habille avec une maladresse engourdie, comme si ni le contact de ses pieds avec le carrelage de la salle de bains, ni la saveur piquante du dentifrice, ni l'eau froide ne parvenaient à le secouer. Il entreprend des choses qu'il ne termine pas. Il a les mains moites, son estomac se tord, il soupire sans raison. Les symptômes, qui le tourmentent tout au long de la journée, disparaissent vers huit heures du soir, lorsqu'ils capitulent devant une sorte d'agitation euphorique qui, quoi qu'il fasse, du reste toujours de travers, toujours la tête ailleurs, au compte à rebours qu'il n'a pas interrompu depuis qu'il s'est levé le matin, l'oblige à s'enfuir de chez lui pour aller au kiosque. [...] Non, même quand elles possèdent un certain air de famille, ce n'est pas la même excitation qu'il ressent lorsqu'il se lance dans ce qu'il n'ose appeler des « actions » que dans son for intérieur, tant il a honte, quand par exemple il remet, en guise de contribution au journal du parti, un bon pourcentage de l'argent de poche hebdomadaire que lui donne sa mère au grand frère d'un ami, un étudiant en médecine plutôt antipathique qu'il connaît à peine mais admire déjà sans réserves car il a embrassé le credo trotskiste et rompu, comme l'avait peut-être fait en son temps, qui sait, l'oligarque torturé, avec une famille aisée mais quelque peu déchue, ou lorsqu'il sort du lycée et lance son regard habituel, rempli d'orgueil et de jouissance rétrospectifs, vers l'entrée latérale de l'usine Fiat que prenait l'un des principaux dirigeants de l'entreprise, un certain Salustro, avant qu'un commando erpien ne le séquestre et ne le liquide de trois balles à l'extrême ouest de Buenos Aires, ou quand, en attendant l'omnibus, jamais l'*onigo*, pour rentrer chez lui, il défie le policier qui garde le coin du lycée d'une bravade invisible et palpe du bout de ses doigts brûlants l'exemplaire du *Manifeste du parti communiste* qu'il dissimule dans son cahier de sciences naturelles. C'est plus, c'est bien plus que cela. C'est tellement plus qu'à mesure que huit heures approchent il sent une sorte d'oppression physique. Il tremble, il a la bouche sèche, son cœur bat plus vite. Est-ce de la politique ? Est-ce du sexe ? Ce n'est pas l'action, ce n'est pas seulement l'illusion de faire partie, en achetant la revue, de la guérilla *montonera* clandestine, une appartenance dont les attraits, quoique forts, se dissipent immanquablement à chaque fois qu'il voit le kiosquier lui tendre *La Cause péroniste* avec le même sourire de désinvolture bovine qu'il a en vendant un hebdomadaire sportif, un magazine de tricot ou le dernier cahier de vacances, ce n'est pas cela qui l'excite autant, ce qui l'isole dans une sorte de microclimat fébrile, à la fois maladif et enivrant, dans lequel la ferveur qu'il ressentait, tout petit déjà, en découvrant dans un volume d'une encyclopédie populaire les vignettes qui montraient les étapes les plus glorieuses de la passion d'Hercule – Hercule brûlé par la tunique empoisonnée que Nessos a confectionnée afin de se venger de lui, Hercule dévoré éternellement par les flammes du bûcher –, se mêle à présent à celle qu'éveillent en lui les hauts faits de la lutte révolutionnaire – par exemple l'histoire d'un arsenal militaire conquis par un commando, avec son inévitable lot de pertes et d'ennemis tués, ou le chef de la police qui expie son vieil amour de la torture en faisant un vol plané, en petits morceaux, dans les airs – et celle qui le fait frémir certains matins où il feint d'être malade afin de rester chez lui et, dans son lit, entend la porte de l'immeuble se refermer, signe que sa mère et le mari de sa mère sont sortis et qu'il n'y a plus d'obstacle entre lui, qui attend ça depuis son réveil, et les magazines pornographiques que le mari de sa mère cache dans l'armoire de la chambre, parmi les pullover anglais conservés dans leur enveloppe plastique d'origine. Déjà ce n'est plus la proximité, non, qui le pousse à bout. C'est d'être sur le point de lire. Et il sort donc de chez lui aussi vite que l'éclair, en songeant non pas qu'il va dans le monde extérieur, mais qu'il pénètre dans une annexe plus ou moins publique du four voluptueux et malsain dans lequel il commence à se consumer, des cernes sous les yeux et dans la tenue de clochard qu'il porte en été, lorsqu'il reste enfermé toute la journée dans sa chambre, et pas assez couvert en hiver, sans chaussettes, les manches de pyjama dépassant sous un tricot crasseux.

Par une extraordinaire soirée d'hiver, il descend en courant jusqu'au kiosque et achète son exemplaire de *La Cause péroniste* – bien qu'acheter soit une façon de parler, car en lieu et place du traditionnel échange produit contre argent que les livres de l'économiste trotskiste Ernest Mandel lui ordonnent de remettre en question radicalement, jusque dans ses moindres ressorts, de façon à le dénaturer et à en finir avec l'illusion que ses termes, toujours injustes, sont indiscutables, ce qu'il y a entre le type du kiosque et lui c'est un accord tacite qui consiste à inclure la revue dans les comptes de la famille, où chaque début de mois, *La Cause péroniste*, mais souvent aussi *Étoile rouge* ou *Le Combattant*, organes de presse erpiens dont il lit les articles de conjoncture, si sévères et scientifiques que ceux de *La Cause péroniste*, en comparaison, semblent de douces rêveries, de vraies fables picaresques avec une attention et un enthousiasme des plus laborieux, comme on suivrait le meilleur cours de lutte armée par correspondance, se noient toutes dans le montant total de leur consommation de quotidiens, revues féminines et hebdomadaires d'information parfaitement bourgeois. [...] Presque à bout de souffle, il s'éloigne du kiosque et s'appuie un instant contre la vitrine de la confiserie San Ignacio, moins pour se reprendre, en réalité, que pour goûter tout de suite, sans attendre, le festin qu'est la lecture, dans la lumière jaune qui illumine les gâteaux, les bouteilles de cidre, les plateaux de biscuits secs et les boîtes de bonbons aux couleurs métallisées. Voilà ce qu'il voudrait, ça plus que tout autre chose au monde : que lire occupe tout l'espace du présent, que tout ce qui se produit en un même point du temps soit d'une certaine manière avalé d'un coup par la lecture. [...] La clarté qui provient de la vitrine se déverse d'abord sur la couverture de la revue, qui annonce d'un ton euphorique la mort d'un ministre dans un restaurant familial des faubourgs, et ensuite sur une double page quelconque, ouverte au hasard de sa voracité, où il tombe sur une photographie qui lui glace le sang.

C'est la première vraie femme qu'il voit nue dans sa vie – les pin-up années cinquante du jeu de poker ne comptent pas, pas plus que la femme couverte d'or que James Bond trouve dans son lit dans *Goldfinger*, les danseuses du Crazy Horse de Paris qui posent dans *Lui* ou la noire au sexe épilé de *Penthouse* –, et même ainsi, tandis qu'il la voit non seulement nue mais le corps transpercé de plusieurs balles, souillée de terre comme si on l'avait traînée sur le ventre, déjà morte, le long du terre-plein du camp militaire où elle a été tuée, selon ce qu'indique la légende de la photo, floue et de mauvaise qualité, qui pourrait suggérer que c'est un cadavre comme les autres, ne méritant aucune attention particulière –, même ainsi ce visage, celui du commandant Silvia, d'après la légende, lui dit quelque chose. Peut-être une chose qui n'a de sens pour personne d'autre au monde mais qui lui parle, à lui, dans une langue qu'il n'a jamais entendue et ne comprend pas. À présent il est condamné à lire l'article. Tout le reste, automobiles, passants, lumières, repose comme dans une sorte d'hiver enneigé. Immobile, il lit devant la vitrine. Lorsque la vendeuse de la confiserie San Ignacio, débarrassée de son uniforme, éteint les lumières de la boutique et allume les faibles spots qui éclaireront la vitrine toute la nuit, il s'approche un peu plus, telle une bouche assoiffée du robinet qui goutte, et colle la revue ouverte perpendiculairement à la vitre, s'efforçant de profiter le plus longtemps possible de ce reste de lumière lunaire qui donne aux biscuits, aux gâteaux et aux boîtes de bonbons un air artificiel de fausse nourriture. Il lit : enfance dans la province de Tucumán, mère maîtresse d'école, père employé des postes, visite d'Evita et coup de foudre, révolution *libertadora* et chute de Perón, parents arrêtés, oncle dans la clandestinité, départ pour Buenos Aires, rencontre avec le gourou péroniste Cooke, la biographie classique d'une personne appelée à vaincre ou à mourir – et, au bout d'un moment, la lumière est si faible, les mots si difficiles à distinguer, qu'il ferme les yeux et continue à lire comme le font les aveugles, suppose-t-il, en caressant les phrases du bout des doigts, jusqu'à ce qu'une sensation froide sur le revers de sa main, puis une autre et une autre encore, l'obligent à s'interrompre. Il ouvre les yeux. Pleut-il ? Non : il pleure. Il pleure dans la ville comme il pleut dans son cœur. [...] Il ne revoit le visage du commandant Silvia que bien plus tard, dans son lit, lorsque le bruit d'une clé dans un étau fait éclater le rêve sans images dans lequel il flotte. Il se réveille et elle lui apparaît de façon soudaine et improbable, comme si la dormeuse du tableau de Füssli se redressait d'un coup et pouvait voir le visage bestial du démon qui l'observe, caché entre les deux pans du rideau, et il reconnaît en elle le voisin de la rue Ortega y Gasset, le militaire, le maniaque qui a chanté à son oreille, lui a donné asile, a lu sur le bout de ses doigts le secret de sa douleur, a révélé sa fausse moustache dans son sommeil, une moustache qu'il a choisi de porter pendant des mois pour, affirme l'article de *La Cause péroniste*, s'entraîner au cours de sa cavale à vivre clandestinement, entouré par l'ennemi, ce que le combattant de la révolution peut tenter de plus difficile et de plus ambitieux. Il apprend en même temps qui elle est et qu'elle est morte. Tard, encore trop tard. Il se demande si, l'ayant su plus tôt, il aurait pu la sauver, s'il aurait pu, avec son tricycle et son sac Pan Am rempli de toutes sortes de distractions qui n'ont jamais servi, ne serviront jamais et qu'il finit également par cacher, telle une bombe à retardement, lorsqu'il se réfugie dans l'appartement d'en face, empêcher qu'on l'abatte, qu'on la traîne sur le ventre tel le morceau de viande qu'elle est, pour humilier et punir les prisonniers, le long du terre-plein du camp militaire. Il se demande ce qui serait advenu de lui, quelle vie il mènerait, si le commandant Silvia l'avait touché ; si, au lieu de simplement lui offrir un bol de soupe, elle avait approché la main de son visage et glissé deux doigts dans sa bouche, si elle y avait plongé sa langue et avait exploré l'intérieur des lèvres, les gencives et les muqueuses internes ; si, au lieu de l'obliger à rester debout, des aiguilles entre les lèvres et un mètre-ruban autour du cou, elle l'avait forcé à enfoncer une de ses petites mains d'enfant abandonné tout au fond de son sexe moite. [...] Il ne pleure plus. Il éprouve une angoisse âpre, sèche, comme si une spatule le grattait de l'intérieur. C'est simple : il n'a pas compris ce qu'il aurait dû comprendre. Il n'a pas été de son temps, il n'est pas de son temps et ne le sera jamais. Quoi qu'il fasse, quoi qu'il pense, c'est une condamnation qui l'accompagnera toujours. Mais à présent il a au moins une preuve : sa mère ne pourra plus prétendre que l'épisode du voisin militaire n'a pas eu lieu.

Il est très tard. La maison est comme bâillonnée par l'obscurité. Il se lève du lit, ramasse son exemplaire de *La Cause péroniste* et sort de sa chambre. Il parcourt le long couloir sombre qui, enfant, le terrifie, car il semble non pas séparer sa chambre du monde mais l'en exclure. Bien qu'il n'ait plus peur, la méthode qu'il emploie – avancer en frôlant les murs du couloir de la paume des mains – est celle qu'il découvre et met en œuvre à six ou sept ans, quand la distance qu'il sent entre sa chambre et le reste de la maison est celle qui existe, dans les films de science-fiction, entre la capsule flottant dans l'espace et le vaisseau qui vient de l'expulser. Il suit le coude que forme le couloir, arrive à la chambre de sa mère, trouve la porte ouverte. Elle n'est pas ouverte depuis longtemps, comme le prouvent l'air frais qui vient d'envahir la pièce et vibre encore, et la pancarte « Ne pas déranger » qui oscille, accrochée à la poignée de la porte, souvenir d'un voyage, d'un hôtel et d'un bonheur qui appartiennent définitivement au passé et ne se répéteront pas. Il frappe malgré tout, très doucement, moins pour alerter sa mère que pour justifier son audace, et entre. Il reconnaît sous ses pieds le tissu soyeux d'un bas, des mouchoirs en papier, le dos d'un livre ouvert, des lunettes qui émettent un craquement, des flacons de pilules. Il tâtonne à la recherche de l'interrupteur et, lorsqu'il s'apprête à allumer la lumière, il entend la voix de sa mère, une voix étouffée qui semble lui parvenir de très loin. « Pas de lumière », dit-elle. Il constate qu'elle est seule dans son lit, s'assied sur le bord et attend, sa revue à la main, en l'écoutant pleurer dans l'obscurité.

Composition et mise en pages
Nord Compo à Villeneuve-d'Ascq

Impression par Laballery à Clamecy (Nièvre)
Dépôt légal : avril 2023
N° d'édition : 2596 – N° d'impression : 302594
Imprimé en France